MATLAB 开发实例系列图书

金融数量分析
——基于 MATLAB 编程

郑志勇（Ariszheng） 编著

北京航空航天大学出版社

内 容 简 介

本书共分 6 章，由浅入深地进行金融数量分析的讲解。首先，讲解金融数量分析的主要对象——金融市场与金融产品。接着，简要概述数量分析的基本概念，例如资产估值与定价、投资组合管理、风险测量与管理以及相应 MATLAB 函数使用与计算实例。然后，以银行按揭贷款、商业养老保险、股票挂钩结构产品与组合保险策略为实际分析对象，利用金融数量分析与 MATLAB 编程对其进行深入的数量分析，展示金融数量分析的基本步骤：理论分析、数学建模、编程计算。在基本步骤的讲解中，作者根据自身(金融工程师)的经验，指出了在数量分析过程中理论与实践间的区别与联系。最后，以相对比较复杂的 BS 公式的隐含波动率的计算、KMV 模型方程组的求解、移动平均 Hurst 指数的计算和基于优化方法的指数追踪技术为例，讲解金融数量分析的数值分析技术与 MATLAB 编程技巧。MATLAB 基本介绍、MATLAB 优化工具箱与遗传算法工具箱的使用方法作为附录，以便初级读者学习或者高级读者查阅。

本书适用于经济金融学科的高年级学生、研究人员以及金融从业人员等。书中金融实例有很强的可读性、可操作性与实用性。

图书在版编目(CIP)数据

金融数量分析：基于 MATLAB 编程/郑志勇编著.—北京：
北京航空航天大学出版社，2009.11
(MATLAB 开发实例系列图书)
ISBN 978 - 7 - 81124 - 931 - 6

Ⅰ.金… Ⅱ.郑… Ⅲ.金融学：数量经济学—计算机辅助计算—软件包，MATLAB Ⅳ.F830.49 - 39 F224.0 - 39

中国版本图书馆 CIP 数据核字(2009)第 178911 号

金融数量分析——基于 MATLAB 编程

郑志勇(Ariszheng) 编著

责任编辑 张少扬 孟 博

*

北京航空航天大学出版社出版发行

北京市海淀区学院路 37 号(100191) 发行部电话：(010)82317024 传真：(010)82328026
http://www.buaapress.com.cn E-mail:bhpress@263.net
涿州市新华印刷有限公司印装 各地书店经销

*

开本：787×1 092 1/16 印张：11 字数：282 千字
2009 年 11 月第 1 版 2012 年 2 月第 2 次印刷 印数：5 001 - 7 000 册
ISBN 978 - 7 - 81124 - 931 - 6 定价：22.00 元

前　言

金融市场从来都是资本与智慧的竞技场,自从布莱克与斯科尔斯在 20 世纪 70 年代提出期权定价公式起,数学方法开始在金融领域得到了广泛的应用。金融工具多样化、交易全球化使得金融市场信息急速膨胀,定性分析已经无法处理如此巨大的信息数据,以数学与计算机相结合的数量化分析方法得到迅速发展。

无论是过去的长期资本管理公司(Long-Term Capital Management),还是现在的文艺复兴科技有限公司(Renaissance Institutional Equities Fund),无不是数量技术力量的体现。CDS、CDO 引发的金融危机印证了金融数量分析方法面临的技术更新,但其以数学与计算机相结合的基础不会改变。近几年,国内金融机构已经将金融数量化作为战略发展之一,金融数量分析在中国正处于起飞阶段。

金融数量分析需要数值计算工具。MATLAB 强大的数值计算功能与丰富的工具箱为金融数量分析提供了有效"武器"。目前,MATLAB 在世界各大金融机构,例如,世界货币基金组织、联邦储备委员会、摩根斯坦利公司、高盛集团等,都得到了广泛应用。

本书首先对金融市场与金融产品进行概要性介绍,以便读者初步了解金融市场,进而引入金融数量分析的基本概念,并对相应的 MATLAB 函数进行讲解;然后针对金融数量实例,进行理论分析、数学建模、编程计算,细致讲解金融数量分析方法及 MATLAB 编程技术;最后,将 MATLAB 基本介绍、MATLAB 优化工具箱与遗传算法工具箱的使用方法作为附录,以便初级读者学习或者高级读者查阅。

本书由金融产品研究人员编写,书中程序实例更是源于作者的金融数量分析工作。本书对于理工科与经济金融学科的研究人员、金融从业人员等,都具有很高的可读性、可操作性与实用性。

北京航空航天大学出版社联合 MATLAB 中文论坛(http://www.iLoveMatlab.cn)为本书设立了在线交流版块,网址:http://www.ilovematlab.cn/forum-159-1.html,有问必答。作者会第一时间在 MATLAB 中文论坛勘误,也会根据读者要求陆续上传更多案例和相关知识链接,还会随着 MATLAB 版本的升级增添必要的内容以满足读者的需求。希望这本不断"成长"的书能最大限度地解决读者在学习、研究、工作中遇到的 MATLAB 金融数量分析的问题。

由于作者水平有限,加之时间仓促,书中若有不足与疏忽之处,敬请读者批评指正。

作者个人网站:www.ariszheng.com,作者邮箱:ariszheng@gmail.com。

作　者
2009 年 8 月于北京

目　　录

若您对此书内容有任何疑问，可以凭在线交流卡登录MATLAB中文论坛与作者交流。

3

若您对此书内容有任何疑问，可以凭在线交流卡登录 MATLAB 中文论坛与作者交流。

第1章

金融市场与金融产品

　　金融市场是金融工具或金融产品交易的场所,参加交易的投资者包括金融机构、企业与个人。金融机构包括商业银行、证券公司、基金公司与保险公司等,交易的金融工具包括银行存款、债券、股票、期货等。如果用形象的比喻来说,金融机构、个人构成了金融市场的骨骼与肌肤,金融工具、金融产品就是金融市场的血液。金融市场的血液无时无刻不在流动,经济繁荣的时候"血液"高速流动,经济衰退的时候"血液"流速降低。本书主要以金融产品作为分析研究对象。优质的金融产品可以为个人或机构提供优质的回报,优质的金融产品同时为金融市场提供充足的动力。图1.1为金融市场框架。由于商品市场规模越来越大,所以将其单列出来。

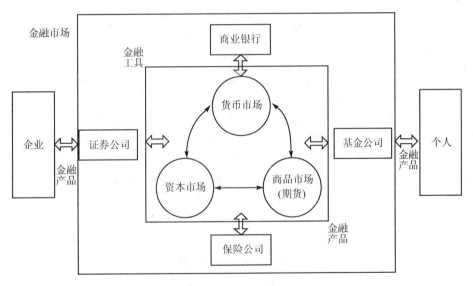

图 1.1　金融市场框架

1.1　金融市场

　　金融市场是指资金供应者和资金需求者双方通过信用工具进行交易而融通资金的市场,广而言之,是实现货币借贷和资金融通、办理各种票据和有价证券交易活动的市场。

　　金融市场又称为资金市场,包括货币市场和资本市场,是资金融通的市场。所谓资金融通,是指在经济运行过程中,资金供求双方运用各种金融工具调节资金盈余的活动,是所有金融交易活动的总称。在金融市场上交易的"商品"是各种金融工具,如股票、债券、储蓄存单等。资金融通简称为融资,一般分为直接融资和间接融资两种。直接融资是资金供求双方直接进行资金融通的活动,也就是资金需求者直接通过金融市场向社会上有资金盈余的机构和个人

筹资;与此对应,间接融资则是指通过银行所进行的资金融通活动,也就是资金需求者采取向银行等金融中介机构申请贷款的方式筹资。金融市场对经济活动的各个方面都有着直接的深刻影响,如个人财富、企业的经营、经济运行的效率,都受金融市场活动的影响。

金融市场的构成十分复杂,它是由许多不同的市场组成的一个庞大体系。但是,一般根据金融市场上交易工具的期限,把金融市场分为货币市场和资本市场两大类。货币市场是融通短期资金的市场,资本市场是融通长期资金的市场。货币市场和资本市场又可以进一步分为若干不同的子市场。

1.1.1 货币市场

货币市场是短期资金市场,是指融资期限在一年以下的金融市场,是金融市场的重要组成部分。由于该市场所容纳的金融工具,主要是政府、银行及工商企业发行的短期信用工具,具有期限短、流动性强和风险小的特点,在货币供应量层次划分上被置于现金货币和存款货币之后,称之为"准货币",所以将该市场称为"货币市场"。

一个有效率的货币市场应该是一个具有广度、深度和弹性的市场,其市场容量大,信息流动迅速,交易成本低,交易活跃且持续,能吸引众多的投资者和投机者参与。货币市场由同业拆借市场、票据贴现市场、可转让大额定期存单市场和短期证券市场四个子市场构成。

货币市场就其结构而言,包括同业拆借市场、票据贴现市场、短期政府债券市场、证券回购市场等。货币市场的产生和发展的初始动力是为了保持资金的流动性,它借助于各种短期资金融通工具将资金需求者和资金供应者联系起来,既满足了资金需求者的短期资金需要,又为资金有余者的暂时闲置资金提供了获取盈利的机会。但这只是货币市场的表面功用,将货币市场置于金融市场以至市场经济的大环境中可以发现,货币市场的功能远不止于此。货币市场既从微观上为银行、企业提供灵活的管理手段,使他们在对资金的安全性、流动性、盈利性相统一的管理上更方便灵活,又为中央银行实施货币政策以调控宏观经济提供手段,为保证金融市场的发展发挥巨大作用。

1.1.2 资本市场

资本市场亦称"长期金融市场"、"长期资金市场",是指期限在一年以上各种资金借贷和证券交易的场所。资本市场上的交易对象是一年以上的长期证券。因为在长期金融活动中,涉及资金期限长、风险大,具有长期较稳定收入,类似于资本投入,故称之为资本市场。

与货币市场相比,资本市场的特点主要有:

① 融资期限长。融资期限至少在 1 年以上,也可以长达几十年,甚至无到期日,例如:股票无到期日。

② 流动性相对较差。在资本市场上筹集到的资金多用于解决中长期融资需求,故流动性和变现性相对较弱。

③ 风险大而收益较高。由于融资期限较长,发生重大变故的可能性也大,市场价格容易波动,投资者需承受较大风险。同时,作为对风险的报酬,其收益也较高。在资本市场上,资金供应者主要是储蓄银行、保险公司、信托投资公司及各种基金和个人投资者;而资金需求方主要是企业、社会团体、政府机构等。其交易对象主要是中长期信用工具,如股票、债券等。资本市场主要包括中长期信贷市场与证券市场。

1.1.3　商品市场

　　这里的商品主要是指大宗商品,是可进入流通领域,但无零售环节,具有商品属性,用于工农业生产与消费使用的大批量买卖的物质商品。在金融投资市场,大宗商品指同质化、可交易、被广泛作为工业基础原材料的商品,例如：原油、有色金属、农产品、铁矿石、煤炭等。大宗商品包括 3 个类别,即能源商品、基础原材料和农副产品。大宗商品市场同样是资本活跃的市场,主要由套期保值者、投机交易者构成,产品市场同时也是对冲基金活动的主要场所。

　　商品市场的特点如下：

　　① 价格波动大。只有商品的价格波动较大时,有意回避价格风险的交易者才需要利用远期价格先把价格确定下来。比如,有些商品实行的是垄断价格或计划价格,价格基本不变,商品经营者就没有必要利用期货交易,来回避价格风险或锁定成本。

　　② 供需量大。期货市场功能的发挥是以商品供需双方广泛参加交易为前提的,只有现货供需量大的商品才能在大范围进行充分竞争,形成权威价格。

　　③ 易于分级和标准化。期货合约事先规定了交割商品的质量标准,因此,期货品种必须是质量稳定的商品,否则,就难以进行标准化。

　　④ 易于储存、运输。商品期货一般都是远期交割的商品,这就要求这些商品易于储存、不易变质、便于运输,保证期货实物交割的顺利进行。

　　点睛：每个市场从形式上都是独立的,但是他们之间相互联系非常密切,以货币市场与资本市场为例,图 1.2 为 2007 年银行间 14 日债券回购利率。2007 年 9 月下旬,中国神华 A 股发行募集规模约 666 亿,2007 年 10 月下旬,中国石油 A 股发行募集规模约 668 亿,在同时期回购利率达到了历史较高水平,年化利率为 14 ％ 左右。

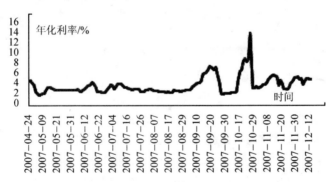

图 1.2　银行间 14 日债券回购利率走势图

　　注：当时中国 A 股的申购方法为

$$中签率＝可发行的额度/总申购金额$$

对于投资者而言,申购资金越大则中签股票数量越多。机构投资者可以通过债券回购的方式从其他金融机构拆入资金,用以提高其新购申购的中签数量。

1.2　金融机构

　　金融机构主要指专门从事各种金融业务活动的组织,它是金融市场活动的重要参与者和

若您对此书内容有任何疑问,可以凭在线交流卡登录MATLAB中文论坛与作者交流。

3

中介,它通过提供各种金融产品和金融服务来满足经济发展各部门的融资需求。以是否吸收存款为标准,可将金融机构划分为存款性金融机构与非存款性金融机构;以活动领域为标准,则有在直接融资领域活动的金融机构和在间接融资领域活动的金融机构。

1.2.1　存款性金融机构

存款性金融机构指经国家批准,以吸收存款为其主要资金来源的金融机构,主要包括商业银行、储蓄机构、信用合作社等。作为金融市场运行的主导力量,存款性金融机构既活跃于短期金融市场,如同业拆借市场、贴现市场、抵押市场、外汇市场,也活跃于股票、债券等长期金融市场。

① 商业银行是吸收公众存款、发放贷款、办理结算等业务的金融机构。其在金融市场主要发挥了供应资金、筹集资金、提供金融工具及金融市场交易媒介的作用。

② 储蓄机构是以专门吸收储蓄存款为资金来源的金融机构,其经营方针和经营方法不同于商业银行,它的资金运用中有相当大部分是用于投资,同时它的贷款对象主要是其存款用户,而不是像商业银行那样面向全社会贷款,因而也有人将储蓄机构归入非银行金融机构。在金融市场上,储蓄机构与商业银行一样,既是资金的供应者,也是资金的需求者。

③ 信用合作社是由某些具有共同利益的个人集资联合组成的以互助、自助为主要宗旨的会员组织,规模一般不大,资金来源于会员交纳的股金和吸收的存款,资金运用则是对会员提供各种贷款、同业拆借或从事证券投资。近年来,随着金融竞争与金融创新的发展,信用合作社业务范围也在不断拓宽,在金融市场上发挥的作用也越来越大。

1.2.2　非存款性金融机构

非存款性金融机构的资金来源主要是通过发行股票、债券等有价证券或契约性的方式筹集。作为金融市场上的另一类重要参与者,非存款性金融机构在社会资金流动过程中从最终借款人那里买进初级证券,并为最终贷款人持有资产而发行间接债券,以多样化方式降低投资风险。非存款性金融机构包括保险公司、养老基金、投资银行和共同基金等。

1. 保险公司

保险公司是依法设立的、专门从事保险业务的经营组织,一般在经济比较发达的国家发展较快。根据业务的不同,保险公司可以分为人寿保险公司和财产保险公司。人寿保险公司靠出售人寿保险保单和人身意外伤害保单来收取保险费,财产保险公司则通过为企业及居民提供财产等意外损失保险来收取保险费,可见保险公司的主要资金均来源于按一定标准收取的保险费。由于人寿保险公司的保险金一般要求在契约规定的事件发生或到约定的期限才支付,保险期限较长,保险费的缴纳类似于储蓄,因此,人寿保险公司的资金运用以追求高收益为目标,主要投资于资本市场上那些风险大、收益高的有价证券;而财产保险公司因要支付随时可能发生的天灾人祸,保险期限相对较短,且要纳税,所以保险公司在资金的运用上比较注重资金的流动性,一般在货币市场上购入不同类型的、收益相对稳定的有价证券,以追求收入最大化。目前,非存款性金融机构成为金融市场上最重要的机构投资者和交易主体。

2. 养老基金

养老基金是一种类似于人寿保险公司的非存款性金融机构,其资金来源主要有两条途径:一是来源于社会公众为退休后的生活所准备的储蓄金,通常由劳资双方各缴纳一部分。而作

为社会保障制度的一个非常重要的组成部分,养老金的缴纳一般由政府立法加以规定,因此,这部分资金来源是有保障的。二是基金运用的收益,养老基金通过发行基金股份或受益凭证,募集社会上的养老保险资金,委托专业基金管理机构用于产业投资、证券投资或其他项目的投资,以实现保值增值的目的。可见,养老基金是金融市场上的主要资金供应者之一。

3. 投资银行

投资银行是专门从事各种有价证券经营及相关业务的非银行性金融机构,在不同的国家有不同的称呼,一般在美国称为投资银行或投资公司,在英国称为商人银行,在日本和我国则称为证券公司。投资银行的业务主要有证券承销业务、证券自营业务、证券经纪业务和咨询服务业务等。在一级金融市场上,投资银行依照协议或合同为证券发行人承销有价证券业务。在二级金融市场上,投资银行一方面为了谋取利润,从事自营买卖业务,但必须对收益、风险及流动性作通盘考虑,从中做出最佳选择;另一方面,作为客户的代理人,或受客户的委托,代理买卖有价证券并收取一定佣金的业务是投资银行最重要的日常业务之一。投资银行代理客户买卖证券通常有两条途径:一是通过证券交易所进行交易;二是通过投资银行自身的柜台完成交易。投资银行还利用自身信息及专业优势,充当客户的投资顾问,向客户提供各种证券交易的情况、市场信息,以及其他有关资料等方面的服务,帮助客户确定具体的投资策略。可见,在经济快速发展的今天,投资银行已成为金融市场上最重要的机构投资者,促进资金的流动和市场的发展。

4. 共同基金

共同基金是指基金公司依法设立,以发行股份方式募集资金,投资者将资产委托给基金管理公司管理运作。按共同基金的组织形式,可以分为公司型与契约型基金,国内的共同基金为契约型基金。契约型基金又称信托型基金或单位信托基金,是由基金经理人(即基金管理公司)与代表受益人权益的信托人(托管人)之间订立信托契约而发行受益单位,由经理人依照信托契约从事信托资产管理,由托管人作为基金资产的名义持有人负责保管基金资产。它将受益权证券化,通过发行受益单位,使投资者作为基金受益人,分享基金经营成果。

1.2.3　家庭或个人

在世界范围内,基于收入多元化和分散的特点,家庭或个人历来都是金融市场上重要的资金供给者,或者说是金融工具的主要认购者与投资者。

由于对各种金融资产选择的偏好不同,家庭或个人的活动领域也极其广泛,遍及金融市场。对那些投资目的是为了获得高额利息和红利收入的家庭或个人来说,可以在资本市场选择收益高、风险大的金融资产;而对于那些追求安全性为主的家庭或个人来说,则可以在货币市场上选择流动性强、收益相对低点的金融资产。同时,家庭或个人由于受到自身资金等条件的限制,所以在某些金融市场上的投资也会受到诸多限制,但可以通过各种手段对已持有的金融工具进行转让,从市场上获得资金收益。

总之,金融市场交易者分别以投资者与筹资者的身份进入市场,其数量多少决定金融市场的规模大小,一般说,交易者踊跃参与的市场肯定要比交易者寥寥无几的市场繁荣得多;而金融市场细微变化也都会引起大量交易对手介入,从而保持金融市场的繁荣,因此,金融市场的参与者对金融市场具有决定意义。

1.3 基础金融工具

1.3.1 原生金融工具

原生金融工具,是指在商品经济发展的基础上产生并直接为商品的生产与流通服务的金融工具,主要有商业票据、债券和股票、基金等。

① 股票:是一种有价证券,它是股份有限公司公开发行的,用以证明投资者的股东身份和权益,并据以获得股息和红利的凭证。

② 债券:是债务人向债权人出具的,在一定时期支付利息和到期归还本金的债权债务凭证,上面载明债券发行机构、面额、期限、利率等事项。

③ 基金:又称投资基金,是指通过发行基金凭证(包括基金股份和受益凭证),将众多投资者分散的资金集中起来,由专业的投资机构分散投资于股票、债券或其他金融资产,并将投资收益分配给基金持有者的投资制度。

1.3.2 衍生金融工具

衍生金融工具,是指在原生金融工具基础上派生出来的各种金融合约及其组合形式的总称,主要包括期货、期权和互换及其组合等。

① 期货合约:是一种为进行期货交易而制定的标准化合同或协议。除了交易价格由交易双方在交易所内公开竞价确定外,合约的其他要素包括标的物的种类、数量、交割日期、交割地点等,都是标准化的。

② 股票价格指数期货:简称股指期货,是以股票价格指数作为交易标的物的一种金融期货。股指期货是为了满足投资者规避股市的系统性风险和转移个别股票价格波动风险而设计的金融工具。

③ 金融互换:是交易双方在约定的有效期内相互交换一系列现金流的合约。例如:汇率互换、利率互换等。

点睛:衍生金融工具交易本质上是一个零和博弈,是对未来预期不同的投资者之间的博弈。

1.3.3 金融工具的基本特征

金融工具的种类繁多,不同的工具具有不同的特点,但总的来看,都具有以下四方面的共同特征:

1. 期限性

所谓期限性,一般是指金融工具都有规定的偿还期限,即债务人从借债到全部归还本息之前所经历的时间,如 1 年期的公司债券,其偿还期就是 1 年。对当事人来说,更具现实意义的是实际的偿还期限,即从持有金融工具之日起到该金融工具到期所经历的时间,当事人据此可以衡量自己的实际收益率。金融工具的偿还期有两个极端情况,即零期和无限期,零期是活期存单,无限期是股票或永久性债券,具有无限长的到期日。

2．流动性

所谓流动性，是指金融工具在必要时能迅速转化为现金而不致遭受损失的能力。一般说，金融工具的流动性与安全性成正比，与收益成反比。如国库券等一些金融工具就很容易变成货币，流动性与安全性都较强，而股票、公司债券等金融工具，流动性与安全性则相对较弱，但收益较高。决定金融工具流动性的另一个重要因素是发行者的资信程度，一般发行人资信越高，其发行的金融工具流动性越强。

3．风险性

风险性是指购买金融工具的本金和预定收益遭受损失的可能性大小。由于未来结果的不确定性，所以任何一种金融工具的投资和交易都存在风险，如市场风险、信用风险、流动性风险等。归纳来看，风险主要来自于两方面，一是债务人不履行约定按时支付利息和偿还本金的信用风险；二是因市场上一些基础金融变量，如利率、汇率、通货膨胀等方面的变动而使金融工具价格可能下降带来的市场风险，相比之下，市场风险更难预测。一般说，风险性与偿还期成正比，与流动性成反比，即偿还期越长，流动性越差，则风险越大；同时，风险与债务人的信用等级也成反比。

4．收益性

收益性是指持有金融工具能够带来一定的收益，金融工具的收益有两种：一种为固定收益，直接表现为持有金融工具所获得的收入，如债券的票面或存单上载明的利息率；另一种是即期收益，即按市场价格出售金融工具时所获得的买卖差价收益。收益的大小取决于收益率，收益率是指持有期收益与本金的比例。对收益率大小的比较还要结合当时的银行存款利率、通货膨胀率以及其他金融工具收益率来分析，这样更科学。

1.4　金融产品

本书的主要内容介绍金融数量分析，金融数量分析的主要分析对象之一为金融产品。本章节将对金融产品进行简要概述。所谓金融产品是指根据不同投资群体或客户的需要，由基础金融工具根据某种结构或规则的组合，如图 1.3 所示。

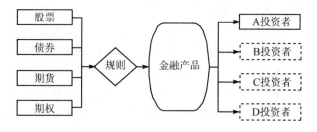

图 1.3　金融产品结构图

金融产品根据其构建的规则分为：保本产品、股票挂钩产品、期货投资基金、杠杆化指数基金、优先与次级结构性产品等。

点睛：同一金融产品可能会分成许多不同等级，购买不同等级投资所承受的风险与收益是不同的。例如，CDO 的发行系以不同信用质量区分各系列证券。基本上分为高级（senior）、夹层（mezzanine）和低级（junior）三系列；另外尚有一个不公开发行的系列，多为发行者自行买

回,相当于用此部分的信用支撑其他系列的信用,具有权益性质,故又称为权益性证券(Equity Tranche),当有损失发生时,由股本系列首先吸收,然后依次由低级、中级(通常信评为 B 水平)和高级系列(通常信评为 A 水平)承担。

1.5 金融产品风险

1. 市场风险

市场风险是指投资品种的价格因受经济因素、政治因素、投资心理和交易制度等各种因素影响而引起的波动,导致收益水平变化,产生风险。市场风险主要包括:

① 政策风险:货币政策、财政政策、产业政策等国家宏观经济政策的变化对资本市场产生一定的影响,导致市场价格波动,影响金融产品的收益而产生风险。

② 经济周期风险:经济运行具有周期性的特点,受其影响,金融产品的收益水平也会随之发生变化,从而产生风险。

③ 利率风险:利率风险是指由于利率变动而导致的资产价格和资产利息的损益。利率波动会直接影响企业的融资成本和利润水平,导致证券市场的价格和收益率的变动,使金融产品收益水平随之发生变化,从而产生风险。

④ 上市公司经营风险:上市公司的经营状况受多种因素影响,比如市场、技术、竞争、管理、财务等都会导致公司盈利状况发生变化。如金融产品所投资的上市公司经营不善,则与其相关的证券价格可能下跌,或者能够用于分配的利润减少,从而使金融产品投资收益下降。

⑤ 购买力风险:金融产品的利润将主要通过现金形式来分配,而现金可能因为通货膨胀的影响而导致购买力下降,从而使金融产品的实际收益下降。

⑥ 再投资风险:固定收益品种获得的本息收入或者回购到期的资金,可能由于市场利率的下降面临资金再投资的收益率低于原来收益率,从而对金融产品产生再投资风险。

2. 管理风险

在金融产品运作过程中,管理人的知识、经验、技能等,会影响其对信息的占有和对经济形势、金融市场价格走势的判断,比如管理人判断有误、获取信息不全,或对投资工具使用不当等,都会影响金融产品的收益水平,从而产生风险。

3. 流动性风险

流动性风险是指金融产品的资产不能迅速转变成现金,或者转变成现金会对资产价格造成重大不利影响的风险。流动性风险按照其来源可以分为两类:

① 市场整体流动性相对不足。证券市场的流动性受到市场行情、投资群体等诸多因素的影响,在某些时期成交活跃,流动性好;而在另一些时期,可能成交稀少,流动性差。在市场流动性相对不足时,交易变现有可能增加变现成本,对金融产品造成不利影响。

② 证券市场中流动性不均匀,存在个股和个券流动性风险。由于流动性存在差异,即使在市场流动性比较好的情况下,一些个股和个券的流动性可能仍然比较差,从而使得金融产品在进行个股和个券操作时,可能难以按计划买入或卖出相应的数量,或买入卖出行为对个股和个券价格产生比较大的影响,增加个股和个券的建仓成本或变现成本。

4. 信用风险

信用风险是指发行人是否能够实现发行时的承诺,按时足额还本付息的风险,或者交易对

手未能按时履约的风险。

① 交易品种的信用风险：投资于公司债券、可转换债券等固定收益类产品，存在着发行人不能按时足额还本付息的风险；此外，当发行人信用评级降低时，金融产品所投资的债券可能面临价格下跌风险。

② 交易对手的信用风险：交易对手未能履行合约，或在交易期间未如约支付已借出证券产生的所有股息、利息和分红，将使金融产品面临交易对手的信用风险。

5. 操作风险

① 技术或系统风险：在金融产品的日常交易中，可能因为技术系统的故障或者差错而影响交易的正常进行或者导致委托人的利益受到影响。这种技术风险可能来自管理人、托管人、证券交易所、证券登记结算机构等。

② 流程风险：管理人、托管人、证券交易所、证券登记结算机构等在业务操作过程中，因操作失误或操作规程不完善而引起的风险。

③ 外部事件风险：战争、自然灾害等不可抗力因素的出现，将会严重影响证券市场的运行，可能导致委托资产的损失，从而带来风险。

④ 法律风险：公司被提起诉讼或业务活动违反法律或行政法规，可能承担行政责任或者赔偿责任，有可能导致委托资产损失的风险。

6. 合规性风险

指计划管理或运作过程中，可能出现违反国家法律、法规的规定，或者计划投资违反法规及合同有关规定的风险。

7. 其他风险

包括因业务竞争压力可能产生的风险，或者管理人、托管人因丧失业务资格，停业、解散、撤销、破产，可能导致委托资产的损失，从而带来风险。

第 2 章

数量分析的基本概念

资产估值与定价、投资组合管理、风险测量与管理构成了金融理论的三个主要部分。金融产品的数量分析同样利用上述理论与方法进行分析,本章将对货币的时间价值、风险测量、马柯维茨模型、期权定价模型,以及在此基础上进行 MATLAB 相关函数使用说明。

2.1 货币的时间价值

货币的时间价值是金融中的一个重要概念,在社会的筹资、投资、利润分配中都要考虑货币的时间价值。本节着重介绍货币时间价值的概念、计算。运用货币时间价值的基本原理可以解决不等额序列、分段年金等复杂情况的现金流量的 IRR、NPV 计算,而且 MATLAB 内置了 IRR、NPV 计算的相关函数。

2.1.1 货币时间价值的概念

在商品经济中,货币的时间价值是客观存在的。如将资金存入银行可以获得利息,将资金运用于公司的经营活动可以获得利润,将资金用于对外投资可以获得投资收益,这种由于资金运用实现的利息、利润或投资收益表现为货币的时间价值。由此可见,货币时间价值是指货币经历一定时间的投资和再投资所增加的价值,也称资金的时间价值。

由于货币的时间价值,今天的 100 元和一年后的 100 元是不等值的。今天将 100 元存入银行,在银行利息率 10 % 的情况下,一年以后会得到 110 元,多出的 10 元利息就是 100 元经过一年时间的投资所增加了的价值,即货币的时间价值。显然,今天的 100 元与一年后的 110 元相等。由于不同时间的资金价值不同,所以,在进行价值大小对比时,必须将不同时间的资金折算为同一时间后才能进行大小的比较。

点睛: 例如,某银行说某产品初始投资 1 万元,若是在最坏的情况下,该产品一年后到期保本即 1 万元,若不考虑货币的时间价值投资人没有亏损,但在年利率 6 % 的情况下,根据货币的时间价值理论,投资则已经损失 600 元。

2.1.2 货币时间价值的计算

计算货币时间价值量,首先引入“现值”和“终值”两个概念表示不同时期的货币时间价值。

现值,又称本金,是指资金现在的价值。

终值,又称本利和,是指资金经过若干时期后包括本金和时间价值在内的未来价值。通常有单利终值与现值、复利终值与现值、年金终值与现值。

1. 单利终值与现值

单利是指只对借贷的原始金额或本金支付(收取)的利息。我国银行一般是按照单利计算

利息的。

在单利计算中，设定以下符号：

PV：本金（现值）；R：利率；FV：终值；T：时间。

$$FV = PV + PV \times R \times T = PV(1 + R \times T)$$

$$PV = FV/(1 + R \times T)$$

例 2.1　假设银行存款利率为 10 ％，为 3 年后获得 20 000 元现金，某人现在应存入银行多少钱？

解：$R = 10$ ％，FV = 20 000；$T = 3$；则本金为

$$PV = 20\,000\ \text{元}/(1 + 10\ \text{％} \times 3) = 15\,384.61\ \text{元}$$

2. 复利终值与现值

金融分析中常用复利方法进行货币的贴现计算。复利，就是不仅本金要计算利息，本金所生的利息在下期也要加入本金一起计算利息，即通常所说的"利滚利"。

在复利的计算中，PV：本金（现值）；R：利率；FV：终值；T：时间。

$$FV = PV(1 + R)^T \ {}^*$$

$$PV = FV/(1 + R)^T$$

例 2.2　在例子 2.1 中，使用复利计算现值。

解：$R = 10$ ％，FV = 20 000 元；$T = 3$；则本金为

$$PV = 20\,000\ \text{元}/(1 + 10\ \text{％})^3 = 15\,026.30\ \text{元}$$

复利计息频数是指利息在一年中复利多少次。在前面的终值与现值的计算中，都是假定利息是每年支付一次的，因为在这样的假设下，最容易理解货币的时间价值。但是在实际理财中，常出现计息期以半年、季度、月，甚至以天为期间的计息期，相应复利计息频数为每年 2 次、4 次、12 次、360 次。如贷款买房按月计息，计息频数为每年 12 次。

2.1.3　固定现金流计算

在实际金融产品中，通常不是简单的一次存入（取出），例如国债、住房贷款分期贷款、养老保险等都是以现金流的方式存在的。

例 2.3　这里以国债为例：10 年期面值为 1 000 元的国债，票面利率为 5 ％，国债投资者每年在付息日都会收到 50 元利息，并在第 10 年（最后一年）收到 1 000 元本金。

假设：Rate（贴现率）为 6 ％，（贴现率不一定等于票面利率）；

NumPeriods（贴现周期）为 10 年；

Payment（利息）为 50 元（周期现金流）；

ExtraPayment（本金）为 1 000 元（最后一次非周期现金流）。

则现值与终值的计算公式分别为

$$PV = \sum_{i=1}^{\text{NumPeriods}} \frac{\text{Payment}}{(1 + \text{Rate})^i} + \frac{\text{ExtraPayment}}{(1 + \text{Rate})^{\text{NumPeriods}}}$$

---

*　$(1 + R)^T$ 表示 $(1 + R)$ 的 T 次方，与 MATLAB 表示方法一致。

若您对此书内容有任何疑问，可以凭在线交流卡登录MATLAB中文论坛与作者交流。

$$FV = \sum_{i=1}^{NumPeriods} Payment \times (1 + Rate)^i + ExtraPayment$$

1. 固定现金流现值计算函数 pvfix

PresentVal＝pvfix(Rate，NumPeriods，Payment，ExtraPayment，Due)

输入参数：

➤ Rate：贴现率；

➤ NumPeriods：贴现周期；

➤ Payment：周期现金流，正表示流入，负表示流出；

➤ ExtraPayment：最后一次非周期现金流，函数默认为 0；

➤ Due：现金流计息方式(0 为周期末付息，1 为周期初付息)。

输出参数：

➤ PresentVal：现金流现值。

利用 pvfix 函数计算例 2.3 的现值 PV，其 M 文件 pvfixtest. m 的代码如下：

```
FaceValue = 1000；
Payment = 0.05 * FaceValue；
Rate = 0.06；
ExtraPayment = FaceValue；
NumPeriods = 10；
Due = 0；
PresentVal = pvfix(Rate, NumPeriods, Payment, ExtraPayment, Due)
    >> PresentVal = 926.3991
```

2. 固定现金流终值计算函数 fvfix

FutureVal＝fvfix(Rate，NumPeriods，Payment，PresentVal，Due)

输入参数：

➤ Rate：贴现率；

➤ NumPeriods：贴现周期；

➤ Payment：周期现金流，正表示流入，负表示流出；

➤ Due：现金流计息方式(0 为周期末付息，1 为周期初付息)；

➤ PresentVal：现金流现值。

输出参数：

➤ FutureVal：现金流终值。

利用 fvfix 函数计算例 2.3 的终值 FV，其 M 文件 fvfixtest. m 的代码如下：

```
FaceValue = 1000；
Payment = 0.05 * FaceValue；
Rate = 0.06；
PresentVal = 0
NumPeriods = 10
Due = 0；
FutureVal = fvfix(Rate, NumPeriods, Payment, PresentVal, Due) + FaceValue
```

2.1.4　变化现金流计算

在实际项目投资中,每期的现金流可能是变化的,比如投资购买了一套设备,该设备每年带来的收入不是固定的(收入的数量或收入的时间不同),测算投资是否合适。

例 2.4　购买设备 A,花费 8 000 元,设备使用年限 5 年,现金流依次为$[-8\,000, 2\,500, 1\,500, 3\,000, 1\,000, 2\,000]$,如果对于企业来说投资的必要收益率为 8 %,该投资是否合适?

通常有两种方法:净现值(NPV)方法与内部收益率(IRR)方法。金融分析中常用复利方法进行贴现计算,若 NPV>0,则可行;否则,不可行。内部收益率方法假设 NPV=0,计算必要贴现率,若 IRR 大于必要收益率可行;否则不可行。

参数:CashFlow(简记为 CF):现金流;Rate:贴现率。

CashFlow=$[-8000, 2500, 1500, 3000, 1000, 2000]$

Rate=0.08

净现值(NPV):

$$\text{NPV} = \sum_{i=0}^{n} \frac{\text{CF}_i}{(1+\text{Rate})^i}, \qquad \text{CF}_0 = -\text{Invest}$$

内部收益率(IRR):

$$\sum_{i=0}^{n} \frac{\text{CF}_i}{(1+r)^i} = 0, \qquad \text{CF}_0 = -\text{Invest}$$

1. 净现值 NPV 计算函数 pvvar

PresentVal=pvvar(CashFlow, Rate, IrrCFDates)

输入参数:

➤ CashFlow:现金流序列向量;

➤ Rate:必要收益率;

➤ IrrCFDates:可选项,CF 时间,默认为等间隔,例如每年一次。

输出参数:

➤ PresentVal:现金流现值。

利用 pvvar 函数计算例 2.4 的 NPV。

M 文件 pvvarest.m 的代码如下:

```
CashFlow = [ -8000,2500,1500,3000,1000,2000 ];
Rate = 0.08;
IrrCFDates = ['01/12/2009'    % 初始投资 CF0 = -8000
              '02/14/2010'    % CF1 = 2500
              '03/03/2011'    % CF2 = 1500
              '06/14/2012'    % CF3 = 3000
              '12/01/2013'    % CF4 = 1000
              '12/31/2014'];  % CF5 = 2000
PresentVal1 = pvvar(CashFlow, Rate)
PresentVal2 = pvvar(CashFlow, Rate, IrrCFDates)
>> PresentVal1 = 78.5160
PresentVal2 = -172.5356
```

两个结果不同是由于现金流入时间不同所致。

2. 内部收益率计算函数 irr

Return＝irr(CashFlow)

输入参数：

➤ CashFlow：现金流。

输出参数：

➤ Return：内部收益率。

利用 irr 函数计算例 2.4 的内部收益率，其 M 文件 irrest. m 的代码如下：

```
CashFlow = [ - 8000,2500,1500,3000,1000,2000 ];
Return = irr(CashFlow)
>> Return = 0.0839
```

即该项目的内部收益率 IRR＝8.39 ％

2.1.5　年金现金流计算

年金，国外叫 annuity，并不单是我们理解的企业年金或养老金，而是定期或不定期的时间内一系列的现金流入或流出。年金终值包括各年存入的本金相加以及各年存入的本金所产生的利息，但是，由于这些本金存入的时间不同，所以产生的利息也不相同，按揭贷款本质上是年金的一种。

例 2.5　（1）投资人贷款 50 万元买房，还贷期限为 20 年，若每月还 3 000 元，则贷款利率为多少？（2）若改为每月还 4 000 元，贷款利率不变，则还贷期限为多长？

1. 年金利率计算函数 annurate

Rate＝annurate(NumPeriods, Payment, PresentValue, FutureValue, Due)

输入参数：

➤ NumPeriods：现金流周期；

➤ Payment：现金流收入（支出）；

➤ PresentValue：现金流现值；

➤ FutureValue：现金流终值，默认为 0；

➤ Due：现金流计息方式（0 为周期末付息，1 为周期初付息）。

输出参数：

➤ Rate：利息率（贴现率）。

利用 annurate 函数求解例 2.5(1) 的贷款利率，其 M 文件 annuratetest. m 的代码如下：

```
PresentValue = 500000;
Payment = 3000;
NumPeriods = 20 * 12;
FutureValue = 0;
Due = 0;
Rate = annurate(NumPeriods, Payment, PresentValue, FutureValue, Due)
>> Rate = 0.0032(月利率)
>> 年利率：3.84 %
```

2. 年金周期计算函数 annuterm

NumPeriods＝annuterm(Rate，Payment，PresentValue，FutureValue，Due)

输入参数：

➢ Rate：利息率(贴现率)；

➢ Payment：现金流收入(支出)；

➢ PresentValue：现金流现值；

➢ FutureValue：现金流终值，默认为 0；

➢ Due：现金流计息方式(0 为周期末付息，1 为周期初付息)。

输出参数：

➢ NumPeriods：现金流周期。

利用 annuterm 函数求解例 2.5(2)的还贷周期，其 M 文件 annutermtest.m 的代码如下：

```
PresentValue = 500000;
Payment = - 4000;% 在 annuterm 函数支出为负数
FutureValue = 0;
Due = 0;
Rate = 0.0389/12
NumPeriods = annuterm (Rate, Payment, PresentValue,FutureValue,Due)
>> NumPeriods = 160.5303(月) 13.3775(年)
```

注：在 annuterm 函数中 Payment 支出为负数。

2.2　马柯维茨均值-方差模型

在丰富的金融投资理论中，投资组合理论占有非常重要的地位，金融产品本质上是各种金融工具的组合。现代投资组合理论试图解释获得最大投资收益与避免过分风险之间的基本权衡关系，也就是说投资者将不同的投资品种按一定的比例组合在一起作为投资对象，以达到在保证预定收益率的前提下把风险降到最小或者在一定风险的前提下使收益率最大。

从历史发展看，投资者很早就认识到了分散地将资金进行投资可以降低投资风险，扩大投资收益。但是第一个对此问题做出实质性分析的是美国经济学家马柯维茨(Markowitz)。1952 年马柯维茨发表了《证券组合选择》，标志着证券组合理论的正式诞生。马柯维茨根据每一种证券的预期收益率、方差和所有证券间的协方差矩阵，得到证券组合的有效边界，再根据投资者的效用无差异曲线，确定最佳投资组合。马柯维茨的证券组合理论在计算投资组合的收益和方差时十分精确，但是在处理含有较多证券的组合时，计算量很大。

马柯维茨的后继者致力于简化投资组合模型。在一系列的假设条件下，威廉·夏普(William F. Sharp)等学者推导出了资本资产定价模型，并以此简化了马柯维茨的资产组合模型。由于夏普简化模型的计算量相对于马柯维茨资产组合模型大大减少，并且有效程度并没有降低，所以得到了广泛应用。

2.2.1　模型理论

经典马柯维茨均值-方差模型为

$$\begin{cases} \min \sigma_p^2 = \boldsymbol{X}^T \boldsymbol{\Sigma} \boldsymbol{X} \\ \max E(r_p) = \boldsymbol{X}^T \boldsymbol{R} \\ \text{s. t. } \sum_{i=1}^{n} x_i = 1 \end{cases}$$

其中，$\boldsymbol{R} = (R_1, R_2, \cdots, R_n)^T$；$R_i = E(r_i)$是第 i 种资产的预期收益率；$\boldsymbol{X} = (x_1, x_2, \cdots, x_n)^T$ 是投资组合的权重向量；$\boldsymbol{\Sigma} = (\sigma_{ij})_{n \times n}$ 是 n 种资产间的协方差矩阵；$E(r_p)$ 和 σ_p^2 分别是投资组合的期望回报率和方差。

点睛：马柯维茨模型以预期收益率期望度量收益，以收益率方差度量风险。在教科书中通常以资产的历史收益率的均值作为未来期望收益率，可能会造成"追涨的效果"，在实际中这些收益率可能是由研究员给出；在计算组合风险值时协方差对结果影响较大，在教科书中通常以资产的历史收益率的协方差度量资产风险与相关性，这种计算方法存在预期误差，即未来实际协方差矩阵与历史协方差矩阵间存在偏差。

例 2.6 有华北制药、中国石化、上海机场三只股票，资产数据如表2.1所列。如何使用马柯维茨模型构建投资组合模型？

表 2.1   三只股票的收益率均值、收益率标准差及协方差矩阵

类　别	收益率均值/%	收益率标准差/%	协方差矩阵（×0.000 1）		
华北制药	0.054 0	2.30	5.27	2.80	1.74
中国石化	0.027 5	2.06	2.80	4.26	1.67
上海机场	0.023 6	1.70	1.74	1.67	2.90

2.2.2　收益与风险计算函数

portstats 函数计算公式：

$$E(r_p) = \boldsymbol{X}^T \boldsymbol{R}, \qquad \sigma_p^2 = \boldsymbol{X}^T \boldsymbol{\Sigma} \boldsymbol{X}$$

[PortRisk, PortReturn] = portstats(ExpReturn, ExpCovariance, PortWts)

输入参数：

➤ ExpReturn：资产预期收益率；

➤ ExpCovariance：资产的协方差矩阵；

➤ PortWts：资产权重。

输出参数：

➤ PortRisk：资产组合风险（标准差）；

➤ PortReturn：资产组合预期收益（期望）。

在例 2.6 中，假设等权重配置华北制药、中国石化、上海机场，则资产组合的风险与收益为多少？

M 文件 Portstatstest. m 的代码如下：

```
ExpReturn = [0.000540 0.000275 0.000236];
ExpCovariance = [5.27     2.80     1.74;
                 2.80     4.26     1.67;
                 1.74     1.67     2.90];
```

```
PortWts = 1/3 * ones(1,3);
[PortRisk, PortReturn] = portstats(ExpReturn, ExpCovariance,PortWts)
>> PortRisk = 0.016617
PortReturn = 3.5033e − 004
```

注：$ones(n, m)$为生产元素都为 1 的 $n \times m$ 矩阵，$ones(1, 3) = [1, 1, 1]$。

　　　$PortWts = 1/3 * [1, 1, 1] = [1/3, 1/3, 1/3]$

2.2.3　有效前沿计算函数

　　马柯维茨均值-方差模型为经典的带约束的二次优化问题，在给定期望收益时，方差最小解唯一，frontcon 使用 MATLAB 优化工具箱的 fmincon 函数进行求解，fmincon 函数说明请参看附录。

　　frontcon 函数算法如下：

$$\begin{cases} \min \sigma_p = \boldsymbol{X}^T \boldsymbol{\Sigma} \boldsymbol{X} \\ \max E(r_p) = \boldsymbol{X}^T \boldsymbol{R} \\ \text{s. t.} \sum_{i=1}^{n} x_i = 1 \end{cases} \Rightarrow \begin{cases} \min \sigma_p = \boldsymbol{X}^T \boldsymbol{\Sigma} \boldsymbol{X} \\ \text{s. t.} \begin{cases} \boldsymbol{X}^T \boldsymbol{R} = e_i \\ \sum_{i=1}^{n} x_i = 1 \end{cases} \end{cases}$$

给定 e_i 计算相应风险最小的组合，即得到有效前沿上一点（有效组合），给定一系列 e_i 可以有效描绘出有效前沿。

　　[PortRisk, PortReturn, PortWts] = frontcon(ExpReturn, ExpCovariance, NumPorts,
　　　　　　　　　　　　　　　　　　　PortReturn, AssetBounds, Groups, GroupBounds,
　　　　　　　　　　　　　　　　　　　varargin)

输入参数：

➤ ExpReturn：资产预期收益率；

➤ ExpCovariance：资产的协方差矩阵；

➤ NumPorts：（可选）有效前沿上输出点的个数，默认为 10；

➤ PortReturn：（可选）给定有效前沿上输出点回报；

➤ AssetBounds：（可选）每种资产权重的上下限；

➤ Groups：（可选）资产分组，$Groups(i, j) = 1$ 表示第 j 个资产属于第 i 个群（例如，行业）；

➤ GroupBounds：每个资产群约束（例如，某个行业配置能超过 20 %）。

输出函数：

➤ PortRisk：资产组合风险（标准差）；

➤ PortReturn：资产组合预期收益（期望）；

➤ PortWts：资产组合中各资产权重。

在例 2.6 中，如何配置华北制药、中国石化、上海机场，资产组合才为有效组合？

M 文件 frontcontest. m 的代码如下：

```
ExpReturn = [0.000540 0.000275 0.000236];
ExpCovariance = 0.0001 * [5.27    2.80    1.74;
                          2.80    4.26    1.67;
                          1.74    1.67    2.90 ];
```

```
NumPorts = 10;
[PortRisk, PortReturn, PortWts] = frontcon(ExpReturn,ExpCovariance, NumPorts)
>> PortRisk =
   1.0e - 002 *
     1.5653
     1.5759
     1.6074
     1.6586
     1.7277
     1.8128
     1.9129
     2.0284
     2.1567
     2.2956

PortReturn =
   1.0e - 003  *
     0.2843
     0.3127
     0.3411
     0.3695
     0.3980
     0.4264
     0.4548
     0.4832
     0.5116
     0.5400

PortWts =
     0.1274        0.2456        0.6270
     0.2270        0.1979        0.5751
     0.3265        0.1503        0.5232
     0.4261        0.1026        0.4713
     0.5257        0.0549        0.4194
     0.6253        0.0072        0.3675
     0.7196             0        0.2804
     0.8131             0        0.1869
     0.9065             0        0.0935
     1.0000      - 0.0000        0.0000
```

直接运行 frontcon(ExpReturn,ExpCovariance，NumPorts)则可画出图 2.1。

如果各个资产投资上限为 50％，求解有效前沿的 M 文件代码如下：

```
ExpReturn = [0.000540 0.000275 0.000236];
ExpCovariance = [5.27      2.80      1.74;
                 2.80      4.26      1.67;
                 1.74      1.67      2.90 ];
NumPorts = 10;
AssetBounds = [0,0,0;0.5,0.5,0.5]
[PortRisk, PortReturn, PortWts] = frontcon(ExpReturn,ExpCovariance, NumPorts,[ ],AssetBounds)
```

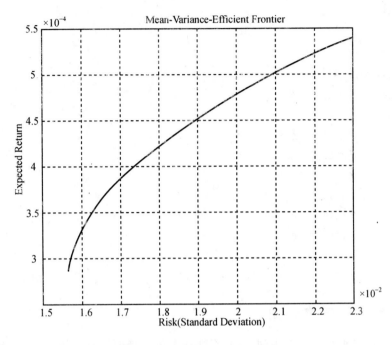

图 2.1　投资组合有效前沿图

计算结果如下：

```
PortRisk =

  1.0e - 002 *

    1.5818

    1.5842

    1.5914

    1.6034

    1.6200

    1.6408

    1.6649

    1.6920

    1.7412

    1.9449


PortReturn =

  1.0e - 003  *

    0.3024

    0.3140

    0.3257

    0.3374

    0.3491

    0.3608

    0.3725
```

```
        0.3841
        0.3958
        0.4075

PortWts =
    0.1768      0.3232      0.5000
    0.2209      0.2791      0.5000
    0.2650      0.2350      0.5000
    0.3091      0.1909      0.5000
    0.3532      0.1468      0.5000
    0.3954      0.1173      0.4873
    0.4363      0.0977      0.4660
    0.4773      0.0781      0.4446
    0.5000      0.2005      0.2995
    0.5000      0.5000      0.0000
```

2.2.4　约束条件下有效前沿

在实际构建投资组合时要考虑到合规、合法或者风险管理等限制条件,这样会给组合构建带来约束,例如基金"双百分之十规则":基金投资于某一证券的市值不能超过基金资产的10％,投资于某一上市公司的股票不能超过该公司市值的10％。

MATLAB 求解约束条件下有效前沿的函数为 portopt 函数。

$$[PortRisk, PortReturn, PortWts] = portopt(ExpReturn, ExpCovariance, NumPorts, PortReturn, ConSet, varargin)$$

输入参数:

➢ ExpReturn:资产预期收益率;

➢ ExpCovariance:资产的协方差矩阵;

➢ NumPorts:(可选)有效前沿上输出点的个数,默认为 10;

➢ PortReturn:(可选)给定有效前沿上输出点回报;

➢ ConSet:组合约束,一般通过 portcons 函数 * 进行设置;

➢ varargin:主要为优化算法中的一些参数。

输出函数:

➢ PortRisk:资产组合风险(标准差);

➢ PortReturn:资产组合预期收益(期望);

➢ PortWts:资产组合中各资产权重。

例 2.7　配置华北制药、中国石化、上海机场三个资产,华北制药最大配置 50％,中国石化最大配置 90％,上海机场最大配置 80％,华北制药为资产集合 A,中国石化、上海机场组成资产计划 B,集合 A 的最大配置为 50％,集合 B 的最大配置为 80％,集合 A 的配置不能超过集合 B 的 1.5 倍,如何配置?

---

* 　portcons 函数比较复杂,本书使用举例的方式进行说明:ConSet＝portcons(varargin)。

约束条件设置如下：

➤ AssetNum＝3，资产数量 3 个；

➤ PVal＝1，配置比例 100 ％，表示满仓配置；若配置 80 ％，则 PVal＝0.8；

➤ AssetMin＝0，各资产最低配置；

➤ AssetMax＝[0.5 0.9 0.8]，各资产最高配置；

➤ GroupA＝[1 0 0]，资产集合 A（例如，行业）；

➤ GroupB＝[0 1 1]，资产集合 B（例如，行业）；

➤ GroupMax＝[0.50,0.80]，资产集合 A 最大配置 50 ％，B 最大 80 ％；

➤ AtoBmax＝1.5，集合 A 的配置不能超过集合 B 的 1.5 倍。

ConSet＝portcons('PortValue', PVal, NumAssets,'AssetLims',AssetMin,...
　　　　　　　　AssetMax, NumAssets, 'GroupComparison',GroupA, NaN,...
　　　　　　　　AtoBmax, GroupB,GroupMax);

求解的 M 文件 portopttest.m 的代码如下：

```
NumAssets = 3;
ExpReturn = [0.000540 0.000275 0.000236];
ExpCovariance = [5.27    2.80    1.74;
                 2.80    4.26    1.67;
                 1.74    1.67    2.90];
NumPorts = 5;
PVal = 1;
AssetMin = 0;
AssetMax = [0.5 0.9 0.8];
GroupA = [1 0 0];
GroupB = [0 1 1];
GroupMax = [0.50,0.8];
AtoBmax = 1.5;
ConSet = portcons('PortValue', PVal, NumAssets,'AssetLims',...
                  AssetMin, AssetMax, NumAssets, 'GroupComparison',GroupA, NaN,...
                  AtoBmax, GroupB,GroupMax);
[PortRisk, PortReturn, PortWts] = portopt(ExpReturn, ExpCovariance,...
                  NumPorts, [], ConSet)
>> PortRisk =
    1.0e-002 *
    1.5653
    1.5778
    1.6147
    1.6744
    1.9449

PortReturn =
    1.0e-003 *
    0.2843
    0.3151
```

```
        0.3459
        0.3767
        0.4075

PortWts =
    0.1274      0.2456      0.6270
    0.2353      0.1939      0.5707
    0.3433      0.1423      0.5145
    0.4512      0.0906      0.4582
    0.5000      0.5000           0
```

运行 portopt(ExpReturn，ExpCovariance，NumPorts，[]，ConSet)得到图 2.2。

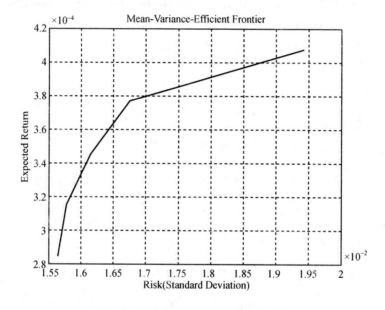

图 2.2　约束条件下投资组合有效前沿

　　点睛：同一组资产进行配置,无约束的有效前沿为图 2.1,带约束的有效前沿为图 2.2,约束使得有效前沿不再平滑。

2.3　投资组合绩效

　　投资组合构建完成后,在实际运行中需要对投资组合进行绩效分析,即计算投资组合收益情况。证券投资基金是一种投资组合。目前国外投资基金数量众多,像晨星、理柏等很多投资资讯机构都定期发布各基金投资组合的业绩排行榜。在实际绩效中,可以用收益率作为评价投资组合绩效的尺度和标准,操作性强,但只能说明基金在某一时期的增值程度,并不能真正评价基金业绩。基金业绩是指基金管理的综合表现,因为高收益的基金一定也承担高风险,低收入的基金所承受的风险一般也较低。因此,仅仅计算出投资组合的平均收益率是不够的,必须根据风险大小来对收益率进行调整,也即计算风险调整的收益率,如夏普比率、信息比率等。指数型基金是一种以拟合目标指数、跟踪目标指数变化为原则,实现与市场同步成长的基金品种,通常,跟踪误差主要用来测量投资效果。

例 2.8　根据 2007—2008 年两年博时主题、嘉实 300(指数型)、南方绩优成长基金净值数据,对上述三只基金进行投资组合绩效分析,数据在 chapter2 data. xls 文件中,已经存储在 funddata.mat 文件中。

注:数据中嘉实 300(指型)提取的是历史净值数据,数据未复权,可能会带来评价误差。

三只基金的净值曲线如图 2.3 所示。其画图函数的 M 文件为 Fundplot. m,代码如下:

```
% plot return
load funddata
Hs300P = cumprod(hs300 + 1);
js300P = cumprod(js300 + 1);
nfjyP = cumprod(nfjy + 1);
bsztP = cumprod(bszt + 1);
NumData = length(hs300);
figure,hold on;
plot(1:NumData,Hs300P,'r');
plot(1:NumData,js300P,'b');
plot(1:NumData,nfjyP,'y');
plot(1:NumData,bsztP,'k');
legend('Hs300','js300','nfjy','bsztP')
```

注:使用连乘函数 cumprod 计算累计收益率,cumprod([1,2,3])=[1,2,6]。

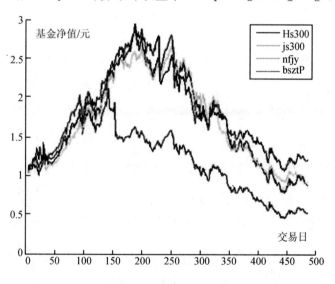

图 2.3　基金净值曲线图

2.3.1　夏普比率

夏普测度(Sharpe Measure)(William Sharpe,1966)是以均衡市场假定下的资本市场线(Capital Market Line,简称 CML)作基准的一种按风险调整的绩效测度指标,也就是用投资组合的总风险即标准差去除投资组合的风险溢价,反映该投资组合所承担的每单位总风险所带来的收益。按均衡市场假设条件下资本资产定价模型中的资本市场线形式如下:

$$E(r_p) = r_f + \frac{E(r_M) - r_f}{\sigma_M} \sigma_p$$

其中,$E(r_p)$是投资组合的期望收益率;r_f是无风险利率;$E(r_M)$是市场组合期望收益率;σ_p是投资组合期望收益率的标准差,测量该投资组合的总风险;σ_M是市场投资组合的标准差,测量市场投资组合的总风险。

所谓夏普测度,就是资本市场线中的斜率项,如果我们要考察某一投资组合(本文中的投资组合也包括一项资产的组合)而不是市场组合,则夏普测度就等于该投资组合的风险收益(又称作风险报酬或风险溢价)除以它的标准差,用 S_p 表示,公式如下:

$$S_p = \frac{E(r_p) - r_f}{\sigma_p}$$

夏普测度计算函数为

Ratio=sharpe(Asset,Cash)

输入参数:

➤ Asset:资产或者组合收益率序列;

➤ Cash:无风险资产收益率。

输出参数:

➤ Ratio:夏普比率。

计算例 2.8 中博时主题、嘉实 300(指数型)、南方绩优成长的夏普比率,其代码如下:

```
%%
load funddata
daynum = length(js300)/2;
Cash = 0.03/daynum;
RatioJS2007 = sharpe(js300(1:daynum), Cash)
RatioJS2008 = sharpe(js300(daynum + 1:2 * daynum), Cash)
%%
RatioBS2007 = sharpe(bszt(1:daynum), Cash)
RatioBS2008 = sharpe(bszt(daynum + 1:2 * daynum), Cash)
%%
RatioNF2007 = sharpe(nfjy(1:daynum), Cash)
RatioNF2008 = sharpe(nfjy(daynum + 1:2 * daynum), Cash)
>>
RatioJS2007 =    0.0015 (2007 年嘉实沪深 300)
RatioJS2008 = - 0.1310 (2008 年嘉实沪深 300)
RatioBS2007 =    0.1617 (2007 年博时主题)
RatioBS2008 = - 0.0988 (2008 年博时主题)
RatioNF2007 =    0.1875 (2007 年南方绩优成长)
RatioNF2008 = - 0.1689 (2008 年南方绩优成长)
```

结果分析:2007 年南方绩优成长的夏普比率 0.187 5 为三只基金中最高,2008 年南方绩优成长的夏普比率－0.168 9 为三只基金中最低。

注:由于数据为两年数据,假设两年交易日数量相同,则一年的交易日(收益率数据)个数为 daynum＝length(js300)/2;将无风险收益率交易日化,即 Cash＝0.03/daynum;若 Cash＝

0.03/365 将造成计算误差。

2.3.2　信息比率

信息比率(Information Ratio)以马柯维茨的均值-方差模型为基础,用来衡量超额风险带来的超额收益,比率高说明超额收益高。它表示单位主动风险所带来的超额收益。

$$\text{InfoRatio} = \frac{\text{Mean}(r_p - r_b)}{\text{Std}(r_p - r_b)}$$

其中,r_p 是组合收益率向量;r_b 是组合业绩基准的收益率向量,例如沪深 300 指数;$\text{Mean}(r_p - r_b)$ 表示资产跟踪偏离度的样本均值;$\text{Std}(r_p - r_b)$ 表示资产的跟踪误差。

[Ratio,TE]=inforatio(Asset,Benchmark)

输入参数:

➤ Asset:资产或者组合收益率序列;

➤ Benchmark:业绩比较基准收益率序列。

输出参数:

➤ Ratio:信息比率;

➤ TE:跟踪误差。

假设以沪深 300 指数作为业绩比较基准,计算例 2.8 中博时主题、嘉实 300(指数型)、南方绩优成长的信息比率。

代码如下:

```
%%
load funddata
daynum = length(js300)/2;
RatioJS2007 = inforatio(js300(1:daynum),hs300(1:daynum))
RatioJS2008 = inforatio(js300(daynum + 1:2 * daynum), hs300(daynum + 1:2 * daynum))
%%
RatioBS2007 = inforatio(bszt(1:daynum), hs300(1:daynum))
RatioBS2008 = inforatio(bszt(daynum + 1:2 * daynum), hs300(daynum + 1:2 * daynum))
%%
RatioNF2007 = inforatio(nfjy(1:daynum),hs300(1:daynum))
RatioNF2008 = inforatio(nfjy(daynum + 1:2 * daynum), hs300(daynum + 1:2 * daynum))
>>
RatioJS2007 = - 0.1063
RatioJS2008 =   0.0313
RatioBS2007 = - 0.0283
RatioBS2008 =   0.1466
RatioNF2007 = - 0.0349
RatioNF2008 =   0.0138
```

25

结果分析:2007 年博时主题的信息比率－0.028 3 为三只基金中最高,2008 年博时主题的信息比率 0.146 6 为三只基金中最高。

点睛:不同的绩效指标是从不同的角度评价基金表现,夏普比率与信息比率计算出结果不一致,博时主题在 2007 与 2008 两年的信息比率均为最高,说明其在 2007 年牛市紧跟沪深

300 指数,2008 年则跌幅小于沪深 300 指数,两年基金收益超越沪深 300 指数。

2.3.3 跟踪误差

跟踪误差主要用来对指数型投资组合进行绩效分析,跟踪误差越低表示组合跟踪指数越紧。例如:指数型基金是一种以拟合目标指数、跟踪目标指数变化为原则,实现与市场同步成长的基金品种。指数基金的投资采取拟合目标指数收益率的投资策略,分散投资于目标指数的成分股,力求股票组合的收益率拟合该目标指数所代表的资本市场的平均收益率。

跟踪误差的定义有很多种,MATLAB 使用如下定义。

$$TE = Std(r_p - r_b)$$

其中,r_p 为组合收益率向量;r_b 为组合业绩基准的收益率向量,例如沪深 300 指数。

计算例 2.8 中嘉实沪深 300 的跟踪误差。嘉实 300 的业绩比较基准=5.0 ％×同业存款利息率+95.0 ％×沪深 300 指数,假设同业存款利息率为 1.98 ％。

代码如下:

```
load funddata
daynum = length(js300)/2;
benchmark = 0.95 * hs300 + 0.05 * 0.0198/daynum;
[RatioJS2007,TEJS2007] = inforatio(js300(1:daynum),benchmark(1:daynum))
[RatioJS2008,TEJS2008] = inforatio(js300(daynum + 1:2 * daynum), benchmark(daynum + 1:2 * day-
num))
 >>
RatioJS2007 = - 0.0824
TEJS2007 = 0.0232
RatioJS2008 = 0.0025
TEJS2008 = 0.0069
```

点睛: 2007 年嘉实沪深 300 跟踪误差为 2.32 ％,2008 年嘉实沪深 300 跟踪误差为 0.69％,这两个计算结果差异较大,原因可能有以下几种:

① 假定同业存款利息率有问题,2007 年同业存款利率高于 2008 年;

② 指数成分股的变化,2007 年的大盘股发行,例如:中国石油、中国人寿等;

③ 基金申购赎回可能会增大跟踪误差。

2.4 风险价值 VaR

VaR(Value at Risk),即风险价值,是指市场正常波动下,在一定的概率水平下,某一金融资产或证券组合在未来特定的一段时间内的最大可能损失。由于 VaR 值可以用来简明地表示市场风险的大小,因此没有任何专业背景的投资者和管理者都可以通过 VaR 值对金融风险进行评判。并且 VaR 方法可以事前计算风险,它不像以往风险管理的方法都是在事后衡量风险大小。另外,VaR 方法还可以衡量全部投资组合的整体风险,这也是传统金融风险管理所不能做到的。VaR 方法的这些特点使得它逐渐成了度量金融风险的主流方法,越来越多的金融机构采用 VaR 测量市场风险,使用 VaR 作为风险限额,特别是监管当局也在使用 VaR 确定风险资本金,这使得许多金融机构及其业务部门在投资选择时,往往需要满足 VaR 约束。

为此,本节将研究一个在马柯维茨均值-方差模型的基础上加入 VaR 约束的投资组合优化模型。

2.4.1　VaR 定义

根据 VaR 的定义,可以表示为

$$\text{prob}(\Delta P > \text{VaR}) = 1 - c$$

其中,prob()表示某种情况的概率;ΔP 为证券组合在持有期 Δt 内的损失;VaR 为置信水平 c 下处于风险中的价值。

从上面的定义中可以看出,VaR 有两个重要的参数:资产组合的持有期及置信水平。这两个参数对 VaR 的计算及应用都起着重要作用。

2.4.2　VaR 计算

VaR 的计算主要有三类方法。

（1）历史模拟法

历史模拟法的基本思想是用给定历史时期上所观测到的市场因子的变化来表示市场因子的未来变化;在估计市场因子模型时,采用全值估计方法,即根据市场因子的未来价格水平对头寸进行重新估值,计算出头寸的价值变化（损益）;最后,将组合的损益从最小到最大排序,得到损益分布,通过给定置信度下的分位数求出 VaR。

（2）分析方法

分析方法的基本思想是利用证券组合的价值函数与市场因子间的近似关系,推断市场因子的统计分布(方差-协方差矩阵),进而简化 VaR 的计算。分析方法的数据易于收集,计算方法简单,计算速度快,也比较容易为监管机构接受。

（3）Monte Carlo 模拟方法

Monte Carlo 模拟方法基本步骤是:
① 选择市场因子变化的随机过程和分布,估计其中相应的参数;
② 模拟市场因子的变化路径,建立市场因子未来变化的情景;
③ 对市场因子的每个情景,利用定价公式或其他方法计算组合的价值及其变化;
④ 根据组合价值变化分布的模拟结果,计算出特定置信度下的 VaR。

点睛:计算方法不同,计算参数不同,则计算出来的 VaR 也不同。若某机构宣称其产品 VaR 较低,即投资风险较低。聪明的投资者,需要在购买产品前,清楚其计算方法与计算的参数。

MATLAB 的风险价值计算使用 portvrisk 函数,采用分析方法进行计算。

ValueAtRisk＝portvrisk(PortReturn, PortRisk, RiskThreshold, PortValue)

输入参数:
➤ PortReturn:组合收益率;
➤ PortRisk:组合风险(标准差);
➤ RiskThreshold:（可选)置信度阈值,默认为 5 ％;
➤ PortValue:（可选)组合资产价值,默认为 1。

27

输出参数：

➤ ValueAtRisk：风险价值。

分别计算例 2.8 中博时主题、嘉实沪深 300、南方绩优成长在 2007 年与 2008 年，置信度阈值为 1 ％、5 ％、10 ％下的风险价值。

假设：使用历史收益率均值作为 PortReturn，历史收益率的标准差作 PortRisk。

M 文件 portvrisktest.m 的代码如下：

```
load funddata
daynum = length(js300)/2;
%%
% year 2007
BsPortReturn = mean(bszt(1:daynum));
BsPortRisk = std(bszt(1:daynum));
JsPortReturn = mean(js300(1:daynum));
JsPortRisk = std(js300(1:daynum));
NfPortReturn = mean(nfjy(1:daynum));
NfPortRisk = std(nfjy(1:daynum));
RiskThreshold = [0.01,0.05,0.10];
PortValue = 1;
BsValueAtRisk2007 = portvrisk(BsPortReturn, BsPortRisk, RiskThreshold,PortValue)
JsValueAtRisk2007 = portvrisk(JsPortReturn, JsPortRisk, RiskThreshold,PortValue)
NfValueAtRisk2007 = portvrisk(NfPortReturn, NfPortRisk, RiskThreshold,PortValue)
%%
% year 2008
BsPortReturn = mean(bszt(daynum + 1:2 * daynum));
BsPortRisk = std(bszt(daynum + 1:2 * daynum));
JsPortReturn = mean(js300(daynum + 1:2 * daynum));
JsPortRisk = std(js300(daynum + 1:2 * daynum));
NfPortReturn = mean(nfjy(daynum + 1:2 * daynum));
NfPortRisk = std(nfjy(daynum + 1:2 * daynum));
RiskThreshold = [0.01,0.05,0.10];
PortValue = 1;
BsValueAtRisk2008 = portvrisk(BsPortReturn, BsPortRisk, RiskThreshold,PortValue)
JsValueAtRisk2008 = portvrisk(JsPortReturn, JsPortRisk, RiskThreshold,PortValue)
NfValueAtRisk2008 = portvrisk(NfPortReturn, NfPortRisk, RiskThreshold,PortValue)
>> BsValueAtRisk2007 =    0.0485      0.0332      0.0251
   JsValueAtRisk2007 =    0.0678      0.0473      0.0364
   NfValueAtRisk2007 =    0.0440      0.0299      0.0224
   BsValueAtRisk2008 =    0.0609      0.0438      0.0346
   JsValueAtRisk2008 =    0.0732      0.0529      0.0420
   NfValueAtRisk2008 =    0.0574      0.0417      0.0333
```

结果说明："BsValueAtRisk2007＝0.0485　0.0332　0.0251"表示 2007 年博时主题在置信度阈值为 1 ％、5 ％、10 ％时的 VaR 值。

2.5 期权定价

1973 年,芝加哥大学教授 Black 和 MIT 教授 Scholes 在美国《政治经济学报》(*Journal of Political Economy*)上发表了一篇题为《期权定价和公司负债》(*The pricing of Options and Corporate Liabilities*)的论文;同年,哈佛大学教授 Merton 在《贝尔经济管理科学学报》上发表了另一篇论文《期权的理性定价理论》(*Theory of rational option pricing*)。这两篇论文奠定了期权定价的理论基础,BS 期权定价公式诞生了。

2.5.1 布朗运动

从概率论的角度讲,标的资产价格的变化是一个随机过程。因此,了解和掌握这个随机过程的基本特征,是期权定价理论首先要回答的基本问题。例如,股票价格变动服从几何布朗运动或对数正态分布,是 Black 和 Scholes 在推导 BS 期权定价模型时用到的最基本的假设。本节介绍与之相关的基本概念、布朗运动及几何布朗运动。在此基础上,以股票为例,讨论标的资产价格的概率模型。

一般维纳过程:设 $\{B(t), t \geq 0\}$ 为布朗运动,则称 $dS(t) = \mu dt + \sigma dB(t)$ 为一般化的维纳过程(布朗运动)。称 μ 为瞬时期望漂移率,σ 为瞬时标准差,它们都是给定的参数,$B(t)$ 是连续的维纳过程。

生产布朗运动的随机序列,作者编写了函数 BrownM,可以生成一维或者二维的随机序列,具体使用方法为

function data=BrownM(Npoints,Mean,Std,Opt)

输入参数:

➤ Npoints:生产序列的节点数;

➤ Mean:正态分布均值;

➤ Std:正态分布标准差;

➤ Opt:选择项,Opt=1 生成一维随机数,Opt=2 生成二维随机数。

输出参数:

➤ data:服从布朗运动一维或者二维的随机序列。

代码如下:

```
function data = BrownM(Npoints,Mean,Std,Opt)
% code by ariszheng@gmail.com
% 2009 - 6 - 13
dt = 1;
if Opt == 1
%%
% standard Brownian motion
    data = [0 cumsum(dt^0.5. * random('Normal',Mean,Std,1,Npoints))];
    figure
    plot(0:Npoints,data);
```

若您对此书内容有任何疑问,可以凭在线交流卡登录 MATLAB 中文论坛与作者交流。

```
elseif Opt == 2
    figure
    data = cumsum([zeros(1, 3); dt^0.5 * random('Normal',Mean,Std,Npoints - 1,3)]);
    plot3(data(:, 1), data(:, 2), data(:, 3), 'k');
    pcol = (data - repmat(min(data), Npoints, 1))./ ...
        repmat(max(data) - min(data), Npoints, 1);
    hold on;
    scatter3(data(:, 1), data(:, 2),data(:, 3), ...
        10, pcol, 'filled');
    grid on;
    hold off;
else
    error('Opt = 1 or Opt = 2')
end
BrownM 使用实例：M 文件 BrownMtest.M
% test BrownM
Npoints = 1000;
Mean = 0;
Std = 1;
Opt = 1;
dataA = BrownM(Npoints,Mean,Std,Opt);
% Opt = 2;
% dataB = BrownM(Npoints,Mean,Std,Opt);
```

结果图如图 2.4、图 2.5 所示。

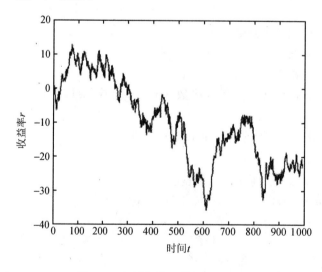

图 2.4　布朗运动一维随机序列图

点睛：在金融工程中,仿真模拟是不可缺少的。仿真模拟中的随机数列的质量对模拟结果有着本质的影响。现在金融学理论中,大多假设价格为随机游走,即布朗运动(Brownian motion),在给定期望与方差的基础上便可生成相应的随机序列。当然在时间序列中还可以引入跳跃(jump)等。在实际模拟中发现,布朗运动生成的时间序列,大多为结构性市场,即在期

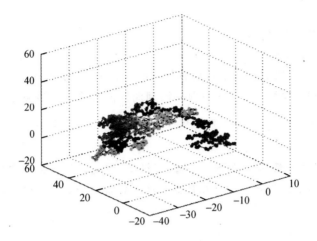

图 2.5 布朗运动二维随机序列图

望给定的前提下,指数趋势一定,波动大小根据给定的方差而不同。纵观道琼斯指数,似乎就是由一段段结构性市场组合而成。A 股市场是否如此(请读者思考)?

2.5.2 BS 定价模型

BS 定价模型,即著名的 Black - Scholes 期权定价公式,欧式买权或卖权解的表达式:

$$c_t = S_t N(d_1) - Xe^{-r(T-t)} N(d_2)$$
$$p_t = Xe^{-r(T-t)}[1 - N(d_2)] - S[1 - N(d_1)]$$

其中

$$d_1 = \frac{\left[\ln\left(\frac{S_t}{X}\right) + \left(r + \frac{\sigma^2}{2}\right)(T-t)\right]}{\left[\sigma^2(T-t)^{1/2}\right]}$$
$$d_2 = d_1 - \sigma^2(T-t)^{1/2}$$

Black - Scholes 期权定价模型将股票期权价格的主要因素分为 5 个:

➤ S_t:标的资产市场价格;

➤ X:执行价格;

➤ r:无风险利率;

➤ σ:标的资产价格波动率;

➤ $T-t$:距离到期时间。

MATLAB 提供了 BS 模型计算期权价格函数 blsprice。

[Call, Put]=blsprice(Price, Strike, Rate, Time, Volatility, Yield)

输入参数:

➤ Price:标的资产市场价格;

➤ Strike:执行价格;

➤ Rate:无风险利率;

➤ Time:距离到期时间;

➤ Volatility:标的资产价格波动率;

➤ Yield:(可选)资产连续贴现利率,默认为 0。

若您对此书内容有任何疑问,可以凭在线交流卡登录MATLAB中文论坛与作者交流。

输出参数：

➢ Call：Call option 价格；

➢ Put：Put option 价格。

例 2.9　假设欧式股票期权三个月后到期，执行价格 95 元，现价为 100 元，无股利支付，股价年化波动率为 50％，无风险利率为 10％，则期权价格的运算结果为

```
>> [Call, Put] = blsprice(100, 95, 0.1, 0.25, 0.5)
>> Call = 13.70    Put = 6.35
```

点睛： 国内的期权市场尚未健全，A 股仅有权证，但是期权在生活中经常见到，很多商业合同中隐含期权，例如：保险产品常见在什么情况你将获得什么样的赔偿，就是典型的期权的一种。

第 **3** 章
商业保险与按揭贷款的现金流分析

3.1 商业按揭贷款分析

"按揭"的通俗意义是指用预购的商品房进行贷款抵押。它是指按揭人将预购的物业产权转让于按揭受益人(银行)作为还款保证,还款后,按揭受益人将物业的产权转让给按揭人。

具体地说,按揭贷款是指购房者以所预购的楼宇作为抵押品而从银行获得贷款,购房者按照按揭契约中规定的归还方式和期限分期付款给银行;银行按一定的利率收取利息。如果贷款人违约,银行有权收走房屋。

3.1.1 按揭贷款还款方式

1. 等额还款

借款人每期以相等的金额偿还贷款,按还款周期逐期归还,在贷款截止日期前全部还清本息。例如,贷款 30 万元,20 年还款期,则每月还款 4 000 元。

2. 等额本金还款

借款人每期须偿还等额本金,同时付清本期应付的贷款利息,而每期归还的本金等于贷款总额除以贷款期数。实际每期还款总额为递减数列。

3. 等额递增还款

借款人每期以等额还款为基础,每次间隔固定期数还款额增加一个固定金额的还款方式(如三年期贷款,每隔 12 个月增加还款 100 元,若第一年每月还款 1 000 元,则第二年每月还款额为 1 100 元,第三年为 1 200 元)。此种还款方式适用于当前收入较低,但收入曲线呈上升趋势的年轻客户。

4. 等额递减还款

借款人每期以等额还款为基础,每次间隔固定期数还款额减少一个固定金额的还款方式(如三年期贷款,每隔 12 个月减少还款 100 元,若第一年每月还款 1 000 元,则第二年每月还款额为 900 元,第三年为 800 元)。此种还款方式适用于当前收入较高,或有一定积蓄可用于还款的客户。

5. 按期付息还款

借款人按期还本,按一间隔期(还本间隔)等额偿还贷款本金,再按另一间隔期(还息间隔)定期结息,如每三个月偿还一次贷款本金,每月偿还贷款利息。此种还款方式适合使用季度、年度奖金进行还款的客户。

6. 到期还本还款

借款人在整个贷款期间不归还任何本金,在贷款到期日一次全部还清贷款本金。贷款利息可按月、按季或到期偿还,也可在贷款到期日一次性偿还。

等额还款与等本金还款是最主要的两种还款方式，其余几种基本上都是从这两种方式的基础上衍生出来的，本节主要对等额还款与等本金还款进行数量分析。

3.1.2　等额还款模型与计算

借款人每期以相等的金额偿还贷款，按还款周期逐期归还，在贷款截止日期前全部还清本息。

参数假设：

- R：月贷款利率；
- B：总借款额；
- MP：月还款额；
- n：还款期。

① 根据月初贷款余额计算该月还款额中的现金流，包括支付的利息和偿还的本金，月还款总额一定。

$$YE(t+1) = YE(t) - BJ(t)$$
$$BJ(t) = MP - IR(t)$$
$$IR(t) = YE(t) \times R$$

其中，$YE(t)$ 为月初贷款余额；$IR(t)$ 为月利息偿还额；$BJ(t)$ 为月本金偿还额；$t=1,2,\cdots,n$。

② 随着如期缴纳最后一期月供款，贷款全部还清，即 $YE(n)=0$。

通常情况下，贷款总额与利息是已知的，月还款额与还款期限未定，根据上述等额还款模型，月还款额与还款期限存在着关联关系，即 MP 为合适值时，当 $YE(1)=B$，计算得到 $YE(t+1)=YE(t)-BJ(t)=0$，最后的还款余额为 0。

在建立上述模型的基础上，通过 MATLAB 编程实现。根据不同还款期限计算还款金额，等额还款模型的 M 文件为 AJfixPayment.m。

F＝AJfixPayment(MP,Num,B,Rate)

输入参数：

- MP：每期还款总额；
- Num：还款期数；
- B：贷款总额；
- Rate：贷款利率。

输出参数：

- F：最后贷款余额。

代码如下：

```
function F = AJfixPayment(MP,Num,B,Rate)
% code by ariszheng@gmail.com
% 2009 - 6 - 18
IR = zeros(1,Num);
YE = zeros(1,Num);
BJ = zeros(1,Num);
YE(1) = B;
for i = 1:Num
```

```
    IR(i) = Rate * YE(i);
    BJ(i) = MP - IR(i);
    if i < Num
    YE(i + 1) = YE(i) - BJ(i);
    end
  end
  F = B - sum(BJ);
```

注：zeros(1,Num)表示预先设置一个 Num 维的行向量。

测试 AJfixPayment 函数的 M 文件为 test AJfixPayment. m。

例 3.1　贷款 50 万元,10 年还款共 120 期,年贷款利率 5 ％,若每月还款 5 000 元,则贷款余额为多少？（月利率为年利率 5 ％除以 12）。

代码如下：

```
  Num = 12 * 10;
  B = 5e5;
  Rate = 0.05/12;
  MP = 5000;
  F = AJfixPayment(MP,Num,B,Rate)
  >> F =
      4.7093e + 004
```

计算结果即贷款余额为 47 093 元。

使用 fsolve 求出合适的 MP 值,使得在 120 次还款后,贷款余额为 0。M 文件为 SolveAJfixPayment. m。

代码如下：

```
  Num = 12 * 10;
  B = 5e5;
  Rate = 0.05/12;
  MPo = 1000;
  MP = fsolve(@(MP) AJfixPayment(MP,Num,B,Rate),MPo)
  >> Optimization terminated: first - order optimality is less than options.TolFun.
  MP =
      5.3033e + 003
```

计算结果为 5 303.3,即贷款 50 万元,10 年还款共 120 期,年贷款利率 5 ％,若每月还款 5 303.3 元,则贷款余额为 0。

注:fsolve 函数的使用方法请参看附录 B 的优化工具箱介绍。

点睛:等额还款模型具有解析解

$$MP = B \times \frac{R(1+R)^n}{(1+R)^n - 1}$$

其中,MP 为月还款额;R 为月贷款利率;B 为总借款额;n 为还款期限。将它们的值代入（贷款 50 万元,10 年还款共 120 期,年贷款利率 5 ％）,计算出 MP=5 303.3 元。

35

3.1.3 等额本金还款

借款人每期须偿还等额本金,同时付清本期应付的贷款利息,而每期归还的本金等于贷款总额除以贷款期数。

参数假设:

➤ R:月贷款利率;

➤ B:总借款额;

➤ MB:月还本金;

➤ n:还款期。

① 根据月初贷款余额计算该月还款额中的现金流,包括支付的利息和偿还的本金,月还本金一定。

$$MB = B/n, \qquad YE(1) = B$$
$$YE(t+1) = YE(t) - MB$$
$$MP(t) = MB + R \times YE(t)$$

其中,$YE(t)$ 为月初贷款余额;$IR(t)$ 为月利息偿还额;$MP(t)$ 为月还款总额;$t = 1, 2, \cdots, n$。

② 随着如期缴纳最后一期月供款,贷款全部还清,即 $YE(n) = 0$。

等额本金还款的计算比较简单,编写模型的 M 文件为 AJvarPayment.m。

MP = AJvarPayment(Num, B, Rate)

输入参数:

➤ Num:还款期数;

➤ B:贷款总额;

➤ Rate:贷款利率。

输出参数:

➤ MP:每期还款总额。

代码如下:

```
function MP = AJvarPayment(Num,B,Rate)
% code by ariszheng@gmail.com
% 2009 - 6 - 18
MP = zeros(1,Num);
YE = zeros(1,Num);
MB = B/Num;
YE = B - cumsum([0,MB * ones(1,Num - 1)]);
MP = MB + Rate * YE;
```

注:"B-cumsum([0,MB * ones(1,Num-1)]);"使用了累加函数 cumsum(X)。假设 X=[1,2,3,4,5,6],则 cumsum(X)=[1,3,6,10,15,21]。

例 3.2 贷款 50 万元,10 年还款共 120 期,年贷款利率 5 %,采用等额本金还款方式则每月还款总额为多少?

M 文件为 testAJvarPayment. m,代码如下:

```
Num = 12 * 10;
B = 5e5;
```

```
Rate = 0.05/12;
MP = AJvarPayment(Num,B,Rate)
```

计算结果如下：

```
MP =

 1.0e + 003 *

Columns 1 through 14
 6.2500   6.2326   6.2153   6.1979   6.1806   6.1632   6.1458   6.1285   6.1111   6.0938
 6.0764   6.0590   6.0417   6.0243

Columns 15 through 28
 6.0069   5.9896   5.9722   5.9549   5.9375   5.9201   5.9028   5.8854   5.8681
 5.8507   5.8333   5.8160   5.7986   5.7813

Columns 29 through 42
 5.7639   5.7465   5.7292   5.7118   5.6944   5.6771   5.6597   5.6424   5.6250
 5.6076   5.5903   5.5729   5.5556   5.5382

Columns 43 through 56
 5.5208   5.5035   5.4861   5.4688   5.4514   5.4340   5.4167   5.3993   5.3819
 5.3646   5.3472   5.3299   5.3125   5.2951

Columns 57 through 70
 5.2778   5.2604   5.2431   5.2257   5.2083   5.1910   5.1736   5.1563   5.1389   5.1215
 5.1042   5.0868   5.0694   5.0521

Columns 71 through 84
 5.0347   5.0174   5.0000   4.9826   4.9653   4.9479   4.9306   4.9132   4.8958
 4.8785   4.8611   4.8438   4.8264   4.8090

Columns 85 through 98
 4.7917   4.7743   4.7569   4.7396   4.7222   4.7049   4.6875   4.6701   4.6528
 4.6354   4.6181   4.6007   4.5833   4.5660

Columns 99 through 112
 4.5486   4.5312   4.5139   4.4965   4.4792   4.4618   4.4444   4.4271   4.4097   4.3924
 4.3750   4.3576   4.3403   4.3229

Columns 113 through 120
 4.3056   4.2882   4.2708   4.2535   4.2361   4.2187   4.2014   4.1840
```

结果说明：第一次还款 6 250 元，第二次 6 232.6 元，……，最后一次还款为 4 184 元。

3.1.4　还款方式比较

以贷款 50 万元，10 年还款共 120 期，年贷款利率 5 ％为例，等额还款方式的还款总额为 636 390 元，等额本金方式的还款总额为 626 040 元，从数量上讲等额本金方式的总还款较少。还款额时间序列如图 3.1 所示。

但是如果考虑到货币的时间价值，PV(MPFix)＝PV(MPVar)＝500 000 元，两种还款方式的现值都是相等的。

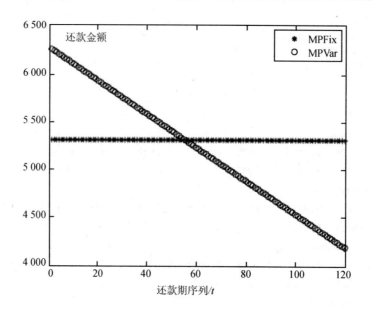

图 3.1　还款额时间序列

3.1.5　提前还款违约金估算

商业银行的盈利模式是通过吸收存款，放出贷款来获得存贷差。

例 3.3　若贷款 50 万元，10 年还款共 120 期，年贷款利率 5 ％，采用等额还款方式计算出 MP＝5 303.3 元，如果其存款利率为 4 ％（仅为假设数据），现金流现值的 MATLAB 计算代码如下：

```
RATE = 0.04/12;
N = 10 * 12;
Payment = 5303.3;
pv = pvfix(RATE, N, Payment)
>> pv =
   5.2381e + 005
```

若按 4 ％的年化利率贴现，现值为 523 810 元，即若不考虑运营成本，银行此笔贷款利润为 23 810 元。

若在第五年末提前还款，即提前 60 期还款，每期 5 303.3 元，贴现率分别为 4 ％、5 ％，现金流现值的 MATLAB 计算代码如下：

```
RATE1 = 0.04/12;
RATE2 = 0.05/12;
N = 5 * 12;
Payment = 5303.3;
pv1 = pvfix(RATE1, N, Payment)
pv2 = pvfix(RATE2, N, Payment)
pv1 - pv2
>> pv1 =
   2.8796e + 005
```

```
pv2 =
   2.8103e + 005
ans =
6.9386e + 003
```

结果分析：贴现率分别为 4 ％、5 ％的现金流现值为 287 960 元、281 030 元,提前还款给银行造成的损失为 6 938.6 元。

以上计算均为示例计算,贴现率均为假设。

3.2　商业养老保险分析

基本养老保险支付能力有国家财政保障,企业补充养老保险的收益受其投资收益的影响,商业养老保险的现金流基本根据保险产品的说明书确定,可使用数量化方法对其进行分析,所以本节将商业养老保险作为主要对象,进行数量化分析。

目前我国的养老保险由三个部分组成:

① 基本养老保险:基本养老保险是国家根据法律、法规的规定,强制建立和实施的一种社会保险制度。在这一制度下,用人单位和劳动者必须依法缴纳养老保险费,在劳动者达到国家规定的退休年龄或因其他原因而退出劳动岗位后,社会保险经办机构依法向其支付养老金等待遇,从而保障其基本生活。基本养老保险与失业保险、基本医疗保险、工伤保险、生育保险等共同构成现代社会保险制度,并且是社会保险制度中最重要的险种之一。

② 企业补充养老保险(企业年金):企业年金源自于自由市场经济比较发达的国家,是一种属于企业雇主自愿建立的员工福利计划。企业年金,即由企业退休金计划提供的养老金。其实质是以延期支付方式存在的职工劳动报酬的一部分或者是职工分享企业利润的一部分。

③ 商业养老保险个人储蓄性养老保险:个人储蓄性养老保险是由职工根据个人收入情况自愿参加的一种养老保险形式。个人储蓄性养老保险由职工个人自愿选择经办机构,个人储蓄性养老保险基金由个人所有。商业养老保险个人储蓄性养老保险的实现方式为购买保险公司提供的保险产品或自行储蓄实现。

3.2.1　商业养老保险案例

本小节将以案例分析方法进行商业养老保险的现金流分析,以下为某公司养老保险(简称产品 A)示例。

例 3.4　某 30 岁男性,投保养老保险产品 A:10 年交费,基本保险金额 10 万元,60 岁的保单周年日开始领取,按年领取,只要被保险人生存,可以一直领取到 100 周岁的保单周年日。

图 3.2 为产品宣传材料中非贴现现金流序列图。

1. 保费支出

投保人 30 到 40 岁 10 年期间,每年交保费 15 940 元。

2. 基本保险利益

基本保险利益如下:

① 养老保险金:60 岁开始,每年到达保单周年日可领取养老保险金,一直到 100 周岁的保单周年日。被保险人生存,可按表 3.1 领取养老保险金。

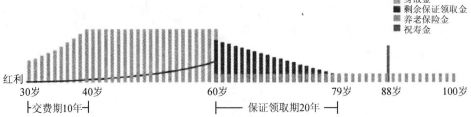

图 3.2 产品现金流序列(非贴现)

表 3.1 养老保险金额表

领取次数	第 1~3 次	第 4~6 次	……	第 40~41 次
领取金额	10 000 元/次	10 600 元/次	每领取 3 次,按保险金额的 0.6 % 递增,以此类推	17 800 元/次

② 在 20 年的保证领取期内,被保险人身故,领取金额为 234 200 元减去已经领取的金额。

③ 祝寿金:被保险人生存至 88 周岁的保单周年日,领取 10 万元祝寿金。

④ 身故保险金:被保险人于 60 岁的保单周年日前身故,按所交保费与 10 万元之和与身故当时主险合同的现金价值(不包括因红利分配产生的相关利益)的较大者领取身故保险金。

3. 产品分红

在养老保险主险合同有效期间内,并且在约定养老金领取年龄的保单周年日前,按照保险监管机关的有关规定,保险公司将根据分红保险业务的实际经营状况确定红利的分配。分红是不确定的,若保险公司确定有红利分配,则该红利将于保单周年日分配给被保险人。

3.2.2 产品结构分析

现金流是个人或企业的现金支出与收入的汇总,商业养老保险本质上根据产品说明书在一定条件下确定现金流的金融产品。

商业养老保险产品构成要素如下:

① 投保人的初期保费支出,支出确定;

② 被保人的后期养老金收入,收入确定;

③ 被保人获得产品分红,收入不确定;

④ 附加的被保人额外收益,收入不确定,例如祝寿金。

3.2.3 现金流模型

假设保险公司投资收益率与投保人投资收益率相等为 R,为方便比较,将产品的现金流贴现到 30 岁时进行比较,由于被保人可能获得产品分红,收入不确定,故本次分析假定产品分红为零。

模型建立:

① 设贴现利率(保险公司投资收益率)为 R;

② 被保险人身故时期为 X:30~100 岁;

③ 投保人的保费支出现值 $InPV(X,R)$,$InPV(X,R)$ 为 R、X 的函数;

④ 被保险人的保险金收入现值 $OutPV(X,R)$,$OutPV(X,R)$ 为 R、X 的函数。

3.2.4　产品现金流情景分析

根据被保险人身故时期年龄为 X，分析如下：

1. 若 X 大于 30 小于等于 40

现金支出为 $(X-30)$ 次的保费支出 outCF；

现金收入为按交保费与 10 万元之和与身故当时主险合同的现金价值（不包括因红利分配产生的相关利益）的较大者领取的身故保险金，即 $\max(\text{sum}(\text{outCF})+100\,000, \text{PV}(\text{outCF}))$。

2. 若 X 大于 40 小于 60

现金支出为 10 次的保费支出 outCF；

现金收入为按交保费与 10 万元之和与身故当时主险合同的现金价值（不包括因红利分配产生的相关利益）的较大者领取的身故保险金，即 $\max(\text{sum}(\text{outCF})+100\,000, \text{PV}(\text{outCF}))$。

3. 若 X 大于等于 60 小于 80

现金支出为 10 次的保费支出 outCF；

现金收入为 $(X-60)$ 次的产品年金 inCF，加上 $234\,200-\text{sum}(\text{inCF})$。

4. 若 X 大于等于 80 小于 88

现金支出为 10 次的保费支出 outCF；

现金收入为 $(X-60)$ 次的产品年金 inCF。

5. 若 X 大于等于 88 小于等于 100

现金支出为 10 次的保费支出 outCF；

现金收入为 $(X-60)$ 次的产品年金 inCF，加上 88 岁时领取的 10 万元祝寿金。

点睛：由于上述情况中，现金流入或流出的时间不同，则时间价值不同，例如在 30 岁末（31 岁初）交的 15 940 元与在 35 岁末（36 岁初）交的 15 940 元的价值是不同的。在进行现金流计算的时候必须考虑货币的时间价值。

3.2.5　保险支出现值函数

根据函数计算投保人的保费支出现值，分析编写 InsureOutFlowPV 函数，语法如下：

PV＝InsureOutFlowPV(StartPayAge,EndPayAge,DeadAge,OutPayment,Rate)

输入参数：

➤ StartPayAge：保费支出起始年龄，本案例为 30；

➤ EndPayAge：保费支出结束年龄，本案例为 40；

➤ DeadAge：被保险人身故年龄；

➤ OutPayment：保费支出金额；

➤ Rate：保费贴现率。

输出参数：

➤ PV：投保人的保费支出现值。

M 文件 InsureOutFlowPV.m 的代码如下：

```
function PV = InsureOutFlowPV(StartPayAge,EndPayAge,DeadAge,OutPayment,Rate)
% code by ariszheng@gmail.com
% 2009 - 6 - 16
if DeadAge < StartPayAge
    error('DeadAge must bigger than StartPayAge')
elseif DeadAge < EndPayAge
    PV = pvfix(Rate, DeadAge - StartPayAge, OutPayment);
else
    PV = pvfix(Rate, EndPayAge - StartPayAge,OutPayment);
End
```

注：根据产品条款将保费支出分成两种情况：被保险人身故年龄大于 30 小于等于 40；被保险人身故年龄大于 40。

3.2.6 保险收入现值函数

根据函数计算被保人的保费收入现值，分析编写 InsureInFlowPV 函数，语法如下：

PV＝InsureInFlowPV(StartPayAge,DeadAge,OutPayment,Rate)

输入参数：

➤ StartPayAge：保费支出起始年龄，本案例为 30；

➤ DeadAge：被保险人身故年龄；

➤ OutPayment：保费支出金额；

➤ Rate：保费贴现率。

输出参数：

➤ PV：被保人的保费收入现值。

M 文件 InsureInFlowPV.m 的代码如下：

```
function PV = InsureInFlowPV(StartPayAge,DeadAge,OutPayment,Rate)
% code by ariszheng@gmail.com
% 2009 - 6 - 15
% InPayment vector
temppay = 1:0.06:1.78;
temppay = repmat(temppay,3,1);
tempay = reshape(temppay,1,42);
InPayment = zeros(1,100);
InPayment(60:100) = 1e4 * tempay(1:41);
%%
if DeadAge < StartPayAge
    error('DeadAge must bigger than StartPayAge')
elseif StartPayAge < DeadAge & DeadAge <= 40
    PV = max( ((DeadAge - StartPayAge) * OutPayment + 1e5)/(1 + Rate)^(DeadAge - StartPayAge),...
```

```
        pvfix(Rate, DeadAge − StartPayAge,OutPayment));
    elseif 40 < DeadAge & DeadAge < 60
        PV = max( (10 * OutPayment + 1e5)/(1 + Rate)^(DeadAge − StartPayAge),...
            pvfix(Rate,10,OutPayment));
    elseif 60 <= DeadAge & DeadAge < 80
        PV = pvvar(InPayment(60:DeadAge),Rate)/(1 + Rate)^30 + ...
            max(0,(234200 − sum(InPayment(60:DeadAge))))/(1 + Rate)^(DeadAge − 30);
    elseif 80 <= DeadAge & DeadAge < 88
        PV = pvvar(InPayment(60:DeadAge),Rate)/(1 + Rate)^30;
    else
        PV = pvvar(InPayment(60:DeadAge),Rate)/(1 + Rate)^30 + 1e5/(1 + Rate)^58;
    end
```

注：程序中 repmat、reshape 函数，请参考 Help 文档，根据产品条款将保费支出分成五种情况：被保险人身故年龄大于 30 小于等于 40；被保险人身故年龄大于 40 小于 60；被保险人身故年龄大于等于 60 小于 80；被保险人身故年龄大于等于 80 小于 88；被保险人身故年龄大于等于 88。

3.2.7　案例数值分析

由于商业养老保险产品期限为几十年，而且案例分析中使用的复利的贴现方法，致使产品的现金流现值对贴现率极为敏感。

假设贴现利率为 3 ％时的分析程序 R3test.m 的代码如下：

```
StartPayAge = 30;
EndPayAge = 40;
OutPayment = 15940;
Rate = 0.03;
DeadAge = 41;
% PV = InsureOutFlowPV(StartPayAge,EndPayAge,DeadAge,OutPayment,Rate)
%%
% DeadAge = [35,45,61,75,89,95];
DeadAge = 31:100;
PVI = zeros(1,length(DeadAge));
PVO = zeros(1,length(DeadAge));
for i = 1:length(DeadAge)
    PVI(i) = InsureInFlowPV(StartPayAge,DeadAge(i),OutPayment,Rate);
    PVO(i) = InsureOutFlowPV(StartPayAge,EndPayAge,DeadAge(i),OutPayment,Rate)
end
plot(31:100,PVI,'-*',31:100,PVO,'-o')
legend('InsureInFlowPV','InsureOutFlowPV')
```

结果图形如图 3.3 所示。

假设贴现利率为 2 ％时的结果图形如图 3.4 所示。

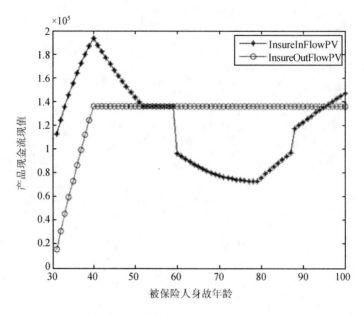

图 3.3　产品的现金流现值情景分析图(贴现利率为 3 ％)

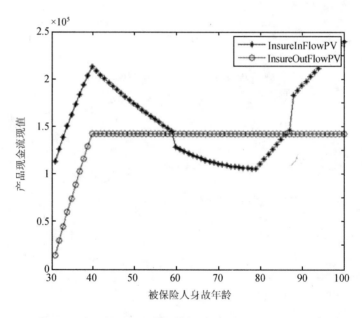

图 3.4　产品的现金流现值情景分析图(贴现利率为 2 ％)

3.2.8　案例分析结果

若您对此书内容有任何疑问，可以凭在线交流卡登录MATLAB中文论坛与作者交流。

　　如果在没有额外分红的情况下,贴现率为 3 ％时,投保人的保费支出现值与被保人的保费收入现值关系图为图 3.3,贴现利率为 2 ％时,投保人的保费支出现值与被保人的保费收入现值关系图为图 3.4。

　　从图 3.3 可以分析出若被保险人在 60 岁到 88 岁间身故,则投保人与被保人的净收入现值(净收入现值＝被保人的保费收入现值－投保人的保费支出现值)为负值;从图 3.4 可以分

析出,同样保险人在 60 岁到 88 岁间身故,则投保人与被保人的净收入现值也为负值。

点睛:保险的本质是分散风险,并不额外创造超额收益。保险公司作为商业养老保险的管理与销售机构,其经营目标为风险中性且有管理费收入需求,保险产品的风险需要在投保人之间进行分配,在贴现利率一定的前提下,购买养老保险的所有投资者的净收入现值之和为零,所以在购买养老保险的投资者中必将有部分投资者的净收入现值为负。

保险公司给出的现金流图形图 3.2 未考虑到现金的时间价值,从简单的计算分析,10 年期间每年交 15 940 元,共 159 400 元。假设 60 岁开始每年领取 10 000 元,则可以领取到 75 岁。如果考虑到人类的生命周期表,预计在 75 岁左右的死亡率是较高的。

在挑选保险产品时,可以将同一产品不同投保年龄,或者不同公司的同类产品进行净现金流比较,选择净收入现值最大的产品。

注:保险公司大病保险、医疗保险的合同约定更为复杂,致使保险产品现金流较为复杂。保险合同中,例如在什么样情况下做出什么样的赔偿类似的条款,其本质上是内嵌式的期权。

第 4 章

股票挂钩结构分析

随着金融工具的多元化发展,各种新型的理财产品随机诞生,股票挂钩产品、期货挂钩产品相继诞生。本章主要介绍股票挂钩产品。股票挂钩产品,是一种收益与股票价格或股价指数等标的相挂钩的结构性产品(structure product)。本章将重点分析股票挂钩产品的产品结构、定价原则和避险方式,并使用 MATLAB 数值计算对股票挂钩型产品进行数量化分析。例如,国内银行的股票挂钩型产品,主要以港股股票挂钩为主,例如招商银行的焦点联动系列。

4.1 股票挂钩产品的基本结构

4.1.1 高息票据与保本票据

作为一种结构化产品,股票挂钩产品由固定收益产品和衍生产品两部分组合而成。其中,挂钩标的就是衍生品的基础资产,衍生品可以包括期货、期权、远期互换等类型,但挂钩股票或股指的衍生品多为期权。根据产品组成结构,可以进一步将股票挂钩产品分成两大类:高息票据(High - Yield Notes,简称 HYN 或 ELN)和保本票据(Principal Guaranteed Notes,简称 PGN)。

点睛:有需求才会有产品,或者说产品满足投资者的某种需求情况下才能存在。金融产品也不例外,高息票据投资人看跌或看涨与高息票据挂钩的股票,通过卖出期权得到权益金增厚收益;保本票据投资人看涨或看跌与保本票据挂钩的股票,但不愿意冒损失本金的风险购买(卖出)股票或者期权,则通过投资保本票据的方式,在风险锁定的情况下,获得潜在的收益。

如图 4.1 所示,HYN 由买进债券部分加上卖出期权部分组成;PGN 由买进债券部分加上

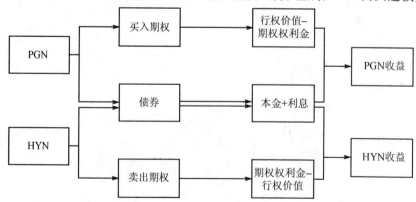

图 4.1 股票挂钩产品结构图

买进期权部分组成。HYN 的到期收益为"本金＋利息＋期权权利金－期权行权价值"。由于期权行权价值可能较大,因而,这类产品一般不保本,甚至可能出现投资损失。但投资者可以获得权利金收入,在期权行权价值较小甚至到期处于价外情况时,收益率相比同类产品较高,因此称为高息票据。同时,HYN 也存在着天然的最高收益率限制,此时,期权到期处于价外状态。PGN 的到期收益为"本金＋利息＋期权行权价值－期权权利金"。由于期权权利金有限,通过适当组合完全可以由利息覆盖,因此,此类产品能够实现完全或部分保本,甚至承诺最低收益。当然,由于期权行权价值可能无限大,投资者的收益理论上也可能无限大,但概率小,且发行人一般会设定上限收益率加以限制。

4.1.2　产品构成要素说明

股票挂钩产品通常由固定收益部分与期权部分构成,期权收益部分为高息票据提供卖出期权保证金,为保本票据提供本金保证。期权部分为股票挂钩产品提供潜在的超额收益。

1. 固定收益部分

（1）本金保障

股票挂钩产品对投资者的本金保障可以根据客户的需求而具体设定,包括四种情况,即不保障本金安全、部分保本、完全保本以及承诺一个大于零的最低收益。一般来说,高息票据（HYN）大多是不保本的,而保本票据（PGN）有本金保障要求,但提前赎回需要一定费用。

（2）付息方式

固定收益部分的付息方式可以根据客户的需求而具体设定,主要包括四种类型。

> 零息债券（Zero－Coupon Bond）：零息债券发行时按低于票面金额的价格发行,而在兑付时按照票面金额兑付,其利息隐含在发行价格和兑付价格之间。零息债券的最大特点是避免了投资者所获得利息的再投资风险。零息债券是不派息的债券,投资者购买时可获折扣（即以低于面值的价格购买）,在到期时收取面值。

> 附息债券（Coupon Bond）：附息债券是指在债券券面上附有息票的债券,或是按照债券票面载明的利率及支付方式支付利息的债券。息票上标有利息额、支付利息的期限和债券号码等内容。持有人可从债券上剪下息票,并据此领取利息。附息债券的利息支付方式一般会在偿还期内按期付息,如每半年或一年付息一次。

> 摊销债券（Amortizing Bond）：摊销债券与附息债券不同的是,在每年的偿还金额中不仅有利息,还有本金。

> 浮动利率债券（Floating－Rate Bond）：浮动利率是指发行时规定债券利率随市场利率定期浮动的债券,也就是说,债券利率在偿还期内可以进行变动和调整。

为了满足投资者对期间内现金流的要求,大部分的股票挂钩产品都是给付利息的,尤其是那些期限较长的保本型产品。但零息债券形式结构比较简单、明了,便于标准化发行、交易,如香港联交所上市交易的 ELI（Equity－Linked Instruments）就采用这种形式。

点睛：*零息债券（Zero－Coupon Bond）是构造股票挂钩产品固定收益部分最好的选择,但是国内基本没有一年期以上的零息债券。国内定期存款本质上与零息债券的结构一致,但面临利率风险。*

2. 期权部分

（1）挂钩标的

股票挂钩产品挂钩标的是股票及股指，基本上都是规模大、质量好、影响大的蓝筹股或指数，也可根据客户的具体需求而选择某类股票（个股或组合）或指数。对于保本票据而言，严格避险操作情况下，无论标的的涨跌，发行人都可以获得无风险收益，在充分避险条件下，此类业务的风险是可测、可控的。

（2）挂钩/行权方式

股票挂钩产品到期收益与挂钩标的的价格相联系，目前挂钩方式较为复杂。除常见的欧式期权外，还包括亚式、彩虹式、障碍式等更为复杂的奇异期权。主要趋势有：首先，挂钩标的数目增加，多种标的之间在地理位置、行业领域等方面存在较大差异，如有的挂钩多个国家的主要股指，有的挂钩股票、黄金、石油等多种商品价格；其次，挂钩多个标的的相对表现，如选择多个标的中表现最差、最好或一般的标的；最后，具有路径依赖或时间依赖等性质。挂钩方式的复杂大大增加了产品定价的难度。

（3）价内/价外程度

这是反映期权虚实度的指标。虚值期权价格较低，因而可以使得产品的参与率较大，而较大的参与率对投资者的吸引力较大。对于保本票价而言，有如下等式成立：

参与率＝（股票挂钩产品价值－固定收益部分价值）÷隐含期权价值

可见，参与率表征的是期权投资程度，它与固定收益投资部分决定的保本率呈反向关系。

（4）可赎回条件

股票挂钩产品也可设置赎回条件，赋予发行人在预设条件下赎回股票挂钩产品的权利，这同时将限制投资者的获益程度。可赎回条件的触发一般和股价相关，处理上通常是将这类期权与股票挂钩产品内嵌的其他期权一同考虑，而保留固定收益部分单纯的债券性质。

4.1.3 产品的设计方法

股票挂钩产品设计样式极其灵活，实在难以覆盖到所有产品样式，这里只能对其一般规律加以总结，先分析固定收益和期权部分的条款设计，然后集中分析各参数之间的关系。

股票挂钩产品的设计参数包括最高收益率、最低收益率/保本率、参与率、行权价、发行价、面值、换股比例和期限。

1. 保本率

保本率（Principal Guaranteed Rate）即本金保障程度，由固定收益部分决定，即

保本率＝到期最低收益现值÷本金投资额＝固定收益部分到期现值÷票据面值

通常 PGN 产品有保本率，而 HYN 不给予本金保障。习惯上，保本率一般不超过 100％，对于超出 100％ 的部分可以理解为最低收益；同时，对最低保本率有限制，如台湾要求 80％ 以上。

2. 最低收益率

最低收益率与保本率密切相关，同样由固定收益部分决定，可理解为

最低收益率＝保本率－1

一般情况下，当保本率不足 100％ 时，可认为最低收益率为负；当承诺了正的最低收益率时，也

可以认为是 100 ％保本。同样,这个参数只适用于 PGN 而不是 HYN。

3. 预期最高收益率

对 PGN,最高收益率是基于产品买进期权的结构而内在设定的。看涨式 PGN 产品的最高收益率理论上是无限的,但实际中发行人也会通过设置上限等措施,限制最高收益率水平。看跌式 PGN 产品的最高收益率是有限的,理论上最大收益发生在标的价格降为 0 时。

对 HYN,最高收益率是基于产品卖出期权的结构而内在设定的,实现时,卖出的期权并非被行权,投资者没有遭受行权损失。

4. 参与率

参与率(Participation Rate)是 PGN 产品的重要参数之一,参与率越大,分享挂钩标的涨跌收益的比例就越大,一般在 50 ％～100 ％之间。HYN 产品一般不提及参与率,由于卖出期权,可理解为参与率是 100 ％。

参与率可用如下公式表示:

$$参与率＝(股票挂钩产品价值－固定收益部分值)÷隐含期权价值$$

可见,参与率表征的是期权投资程度,它与固定收益投资部分决定的保本率呈反向关系。

5. 行权价

行权价是决定股票挂钩产品中期权部分价值的重要因素。行权价的设定直接决定了期权的虚实度,影响期权价格,最终影响股票挂钩产品结构和收益特征。行权价有时用当期标的价格的百分比表示。

发行人在设定行权价时,不仅要考虑投资者的市场判断甚至发行人营销方面的要求,还要从定价和避险两方面考虑行权价与隐含波动率之间的关系,即所谓"波动率微笑"的影响。尤其是,不同的股票或股价指数可能由于价格分布的不同而产生微笑结构差异,相应的对行权价的设计要求也是不同的。比如,S&P500 指数期权隐含波动率随着行权价提高而降低,呈现出向右下倾斜的形状而非标准的微笑结构。

6. 发行价

PGN 通常平价发行,即发行价就是产品的面值或投资的本金。

而 HYN 通常折价发行,到期偿还面值本金,发行价就是折价发行后的实际投资金额,一般用实际投资金额和面值金额的比例来表示。如前所述,可以通过发行价求得 HYN 的预期最高收益率。

实际中也有 HYN 产品为了提高产品吸引力,在名义上按面值发行的同时,承诺到期除了可以获得与挂钩标的的表现相关的投资收益外,还可以获得部分优惠利息。其本质上还是折价发行,可以通过对未来稳定预期的现金流折现来化为一般的折价发行的 HYN 产品。

7. 面　值

股票挂钩产品的票面价值对 HYN 和 PGN 有着不同意义。一般来说,HYN 产品的面值代表着未来理想状况下的偿还本金,通常是换股比例与行权价的乘积;而 PGN 产品的面值就是投资者购买时的实际投资金额,也是完全保本下的承诺最低偿还金额。股票挂钩产品,无论是 HYN 还是 PGN,一般面值较大,甚至可换算为几百万人民币,影响了其流动性。

8. 换股数

HYN 产品中有换股比例,即投资者在到期时不利条件下每份 HYN 将获得的标的股票数目。换股数是影响面值大小的要素之一。面值与换股数、行权价的关系为

$$面值＝换股数×行权价$$

9. 期　限

HYN 产品的期限较短,在台湾一般是 28 天到 1 年。较短的投资期限有利于经过年化处理后获得较高的预期收益率,从而增加 HYN 作为"高息"票据的投资吸引力。而 PGN 产品的期限相对较长,如在美国一般长达 4~10 年。

严格说,发行人还要考虑到波动率期限结构的影响,即波动率将随着时间的变化而做出的变化,同样关乎发行人产品定价和避险交易等方面。

4.2　股票挂钩产品案例分析

本节讨论股票挂钩产品的投资价值,但这不能简单地认为就是发行人的发行定价,发行定价必须结合发行人的避险策略与市场情况而确定。

4.2.1　产品定价分析

股票挂钩产品包含固定收益和期权两部分,对其投资价值的定价也可以由这两部分分别定价再相加而组成。当然,与合成定价相比这可能存在偏差,但只要市场有效,通过套利能够使得价格水平维持在合理水平。

因为结构不同,高息票据(HYN)和保本票据(PGN)两类商品在具体定价上还有一定的差异。PGN 产品由"买进债券"和"买进期权"构成,因此有

$$当前价值＝固定收益部分现值＋期权部分现值$$

HYN 产品由"买进债券"和"卖出期权"构成,并且权利金要延迟支付,投资者到期时才能结清权利金,因此有

$$当前价值＝固定收益部分现值－期权部分现值＋权利金现值$$

预期收入可理解为相应的三部分。

固定收益部分定价相对简单,一般可以根据股票挂钩产品发行时的还本付息承诺,采用现金流贴现方法计算。关键是确定对未来现金流的贴现率,它不是无风险利率,一般采用与固定收益部分期限、收益率等相近的债券的贴现率。

期权部分主要根据产品条件,使用 BS 模型或蒙特卡洛模拟等方法加以计算,这是股票挂钩产品定价的关键部分。由于产品设计中的期权结构越来越复杂,如大量使用多资产选择权,强化挂钩标的之间的路径相依性质等,定价难度越来越大,必须进一步修正蒙特卡罗模拟等期权定价方法。

事实上,股票挂钩产品的市场价值大多是高于其理论价值的。这包含三方面原因。首先,发行中不可避免的发行费用。其次,产品本身的独到创新而引起的溢价,如税赋优惠,美国、香港等地投资 HYN 产品有税收优惠。最后,发行人避险操作需要的成本补偿,如交易费用、资金占用等。通常来说,发行人将通过产品溢价发行实现一定的收益。

4.2.2　产品案例要素说明

在本节的案例分析中,假设:

固定收益部分:一年期国债到期收益率为 10 %,即发行价格等于面值为 100 元,则到期

本金加利息为 110 元。

股票期权部分：招商银行（港股 3968，A 股 600036）买入期权与卖出期权，例如，现价每股 20 元，执行价格每股 20 元，股价波动率为 30 ％，无风险利率为 10 ％，到期时间为 1 年的欧式期权。根据 Black‑Scholes 模型计算买入期权（call option）与卖出期权（put option）的价格。M 文件 BSprice.m 的代码如下：

```
% BSprice.m
Price = 20;
Strike = 20;
Rate = 0.1;
Time = 1;
Volatility = 0.3;
[Call, Put] = blsprice(Price, Strike, Rate, Time, Volatility)
>>
Call =
    3.3468
Put =
    1.4436
```

结果分析：招商银行买入期权（call option）的价格为 3.346 8 元；招商银行卖出期权（put option）的价格为 1.443 6 元。

注：上述价格、利率均为假设，Black‑Scholes 模型计算出的价格可能与该期权的市场交易价格不同。在实际产品设计与定价中，还应考虑更多因素，如当时市场预期、产品销售费用等。

4.2.3　保本票据定价与收益

假设，已知产品的面值为 M，保本率为 L，则到期保证本金为 $M \times L$，买入期权价格为 PC，卖出期权价格为 PP，债券利率为 R。

产品价格 P，其函数为 $P(St,t)$；时间 t，在 t 时刻挂钩股票的价格 St。

若保本挂钩股票为招商银行，$M=10\,000$ 元，$L=100$ ％，$PC=3.346\,8$ 元，$PP=1.443\,6$ 元，$R=10$ ％，根据产品到期保本的要求，则需要购买债券 $M/(1+R)=9\,091$ 元，则可用于购买期权的金额为 10 000 元－9 091 元＝909 元。

若看涨招商银行：

$$购入买入期权数量 = 909 元/3.346\,8 元 = 271.602\,7$$

则存续期间产品的价格为"债券的价格＋期权价格"，可以根据不同到期时间的标的股票的不同市场价格，计算出产品的理论价格。M 文件为 PGNCallPrice.m，其代码如下：

```
Price = 20;
Strike = 20;
Rate = 0.1;
Volatility = 0.3;
%%
subplot(2,1,1)
t = 1: -0.05:0;
```

```
Num = length(t);
PGNPrice = zeros(1,Num);
for i = 1:Num;
    [Call, Put] = blsprice(Price, Strike, Rate, t(i), Volatility);
    PGNPrice(i) = 1e4 * (1.1)^(t(i) - 1) + 271.6027 * Call;
end
plot(t,PGNPrice,'-*')
legend('PGNPrice,Price = 20')
%%
t = 0.5;
subplot(2,1,2)
Price = 10:1:30;
Num = length(Price);
PGNPrice = zeros(1,Num);
for i = 1:Num;
    [Call, Put] = blsprice(Price(i), Strike, Rate, t, Volatility);
    PGNPrice(i) = 1e4 * (1.1)^(t - 1) + 271.6027 * Call;
end
plot(Price,   PGNPrice,'-o')
legend('PGNPrice,Time = 0.5')
```

结果图如图 4.2 所示。

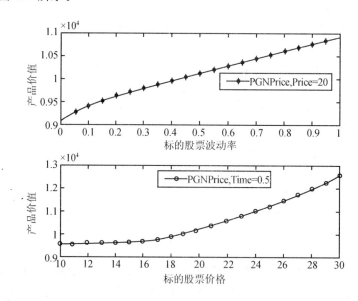

图 4.2 保本票据情景分析图

图 4.2 的上图为在标的股票价格为 20 元不变时,不同时间的产品价格曲线,下图为产品到期时间为 0.5 年,标的股票的价格从 10 元到 30 元所对应的产品价格。

若招行到期市场价格为 30 元,即股票涨 50%,每份看涨期权行权价值 10 元,该保本产品价格为 10 000 元＋271.6027×(10 元－3.346 8 元)＝11 807.03 元,该产品收益率为 18.07%,则其参与率近似为 18.07%÷50%＝36.14%。

　　根据上述计算公式可以计算出到期招商银行不同价格对应不同的收益率。保本票据收益率与标的股票收益率的关系如图 4.3 所示。

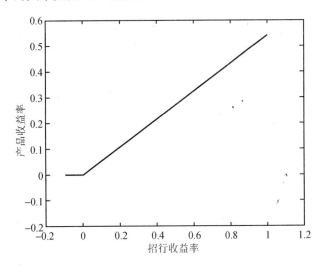

图 4.3　保本票据收益率与标的股票收益率关系图(一)

　　若看跌招商银行：
$$购入看跌期权数量＝909 元/1.443 6 元＝629.675 8$$
则存续期间产品的价格为债券的价格＋期权价格,可以根据不同到期时间的标的股票的不同市场价格,计算出产品的理论价格。M 文件为 PGNPutPrice.m,其代码如下:

```
Price = 20;
Strike = 20;
Rate = 0.1;
Volatility = 0.3;
%%
subplot(2,1,1)
t = 1: - 0.05:0;
Num = length(t);
PGNPrice = zeros(1,Num);
for i = 1:Num;
    [Call, Put] = blsprice(Price, Strike, Rate, t(i), Volatility);
    PGNPrice(i) = 1e4 * (1.1)^(t(i) - 1) + 629.6758 * Put;
end
plot(t,PGNPrice,' - * ')
legend(' PGNPrice,Price = 20 ')
%%
t = 0.5;
subplot(2,1,2)
Price = 10:1:30;
Num = length(Price);
```

```
PGNPrice = zeros(1,Num);
for i = 1:Num;
    [Call, Put] = blsprice(Price(i), Strike, Rate, t, Volatility);
        PGNPrice(i) = 1e4 * (1.1)^(t - 1) + 629.6758 * Put;
end
plot(Price, PGNPrice,'-o')
legend(' PGNPrice,Time = 0.5')
```

结果图如图 4.4 所示。

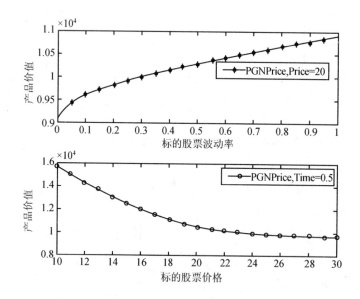

图 4.4　保本票据情景分析图

图 4.4 的上图为在标的股票价格为 20 元不变时,不同时间的产品价格曲线,下图为产品到期时间为 0.5 年,标的股票的价格从 10 元到 30 元所对应的产品价格。

若招行到期市场价格为 10 元,即股票跌 50 %,每份看跌期权行权价值 10 元,该保本产品价格为 10 000 元+629.675 8×(10 元-1.443 6 元)=15 387.8 元,该产品收益率为 53.89 %,则其参与率为 53.89 %÷50 %=107.78 %。

根据上述计算公式可以计算出到期招商银行不同价格对应的不同收益率。图 4.5 所示为保本票据收益率与标的股票收益率关系图。

点睛:显然在上述假设下,看跌期权保本票据的参与率远大于看涨保本票据的参与率,在同等风险或风险锁定的情况下,看跌保本票据的潜在收益更大。一般而言,在同样风险的情况下,投资一般会选择潜在收益率大者。本情景假设下,卖出期权 put option 价格偏低,在实际中,一般 put option 价格较高。以上计算将挂钩产品价格分拆为固定收益部分价格与期权部分价格之和,计算出来的为理论价格,计算过程采用简化计算方法,计算结果可能与市场价格存在一定偏差。

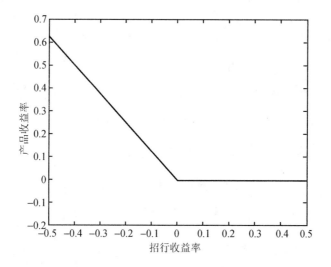

图 4.5　保本票据收益率与标的股票收益率关系图(二)

4.2.4　高息票据定价与收益

假设,已知产品的面值 M,看涨期权价格为 PC,看跌期权价格为 PP,债券利率为 R。

产品价格 P,其函数为 $P(\mathrm{St},t)$;时间为 t,在 t 时刻挂钩股票的价格为 St。

若保本挂钩股票为招商银行,$M=10\ 000$ 元,$\mathrm{PC}=3.346\ 8$ 元,$\mathrm{PP}=1.443\ 6$ 元,$R=10$ %,折价发行,即卖出看涨或看跌期权,设卖出期权为 N 份。

高息票据如何获得高息,假设如下:

① 若看涨招商银行,则可以通过卖出看跌期权的方法,获得权益金增厚产品收益。看涨招商银行意味着投资人认为现在 1.443 6 元卖出的看跌期权,到期价值为 0。

② 若看跌招商银行,则可以通过卖出看涨期权的方法,获得权益金增厚产品收益。看跌招商银行意味着投资人认为现在 3.346 8 元卖出的看涨期权,到期价值为 0。

若看涨招商银行:

$$\text{卖出看跌期权数量}=\text{面值}/\text{行权价格}=10\ 000\ \text{元}/20\ \text{元}=500$$

得到期权权益金为

$$500\times1.443\ 6\ \text{元}=721.8\ \text{元}$$

起初卖出 500 份行权价格为 20 元的看跌期权获得 721.8 元权利金,若终值为 10 000 元,产品价格为 9 091 元－721.8 元＝8 369.2 元,若到期标的股价低于 20 元,则收益率为 10 000元/8 369.2 元－1＝19.49 %,相比 10 %的利润,收益提高了一倍。

存续期间产品的价格为债券的价格减去期权价格(加上权益金价格),可以根据不同到期时间的标的股票的不同市场价格,计算出产品的理论价格。M 文件为 HYNPutPrice.m,其代码如下:

```
%%
Price = 20;
Strike = 20;
Rate = 0.1;
```

```
Volatility = 0.3;
%%
subplot(2,1,1)
t = 1: - 0.05:0;
Num = length(t);
PGNPrice = zeros(1,Num);
for i = 1:Num;
    [Call, Put] = blsprice(Price, Strike, Rate, t(i), Volatility);
    PGNPrice(i) = 9091 * 1.1^(1 - t(i)) - 500 * Put;
end
plot(t(Num: - 1:1),PGNPrice,'- * ')
legend(' PGNPrice,Price = 20 ')
%%
t = 0.5;
subplot(2,1,2)
Price = 10:1:30;
Num = length(Price);
PGNPrice = zeros(1,Num);
for i = 1:Num;
    [Call, Put] = blsprice(Price(i), Strike, Rate, t, Volatility);
    PGNPrice(i) = 9091 * 1.1 - 500 * Put;
end
plot(Price, PGNPrice,'-o')
legend(' PGNPrice,Time = 1 ')
```

结果图如图 4.6 所示。

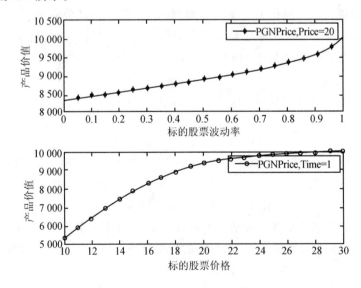

图 4.6　高息票据情景分析图

图 4.6 的上图为在标的股票价格为 20 元不变时,不同时间的产品价格曲线;下图为产品到期时;标的股票的价格从 10 元到 30 元所对应的产品价格。看涨高息票据的下限风险比

较大。

若看跌招商银行：

看跌高息票据的，通常为标的股票的长期持有者，比如其手中的 500 股股票，同时看跌招行，但是目前不能卖出股票（例如，锁定期），可以通过卖出看涨期权数量为面值/行权价格＝10 000 元/20 元＝500 份，得到期权的权益金 500×3.346 8 元＝1 673.4 元。

若股票现值为 20 元，到期为 10 元，如果未曾卖出看涨期权，则其收益率为－50 ％；如果卖出看涨期权每股获得权益金 3.346 8 元，则损失为 10 元－3.346 8 元＝6.653 2 元，其收益率为－33.28 ％。

若股票现值为 20 元，到期为 30 元，如果未曾卖出看涨期权，则其收益率为 50 ％；如果卖出看涨期权每股获得权益金 3.346 8 元，则其收益率为 16.7 ％。

点睛：如果股票持有人看跌股票，但不能卖出股票（例如，锁定期），且市场上没有合适的看跌期权买入，则可以使用卖出看涨期权的方法，减少损失。

4.3　分级型结构产品分析

结构性产品包括结构性票据与结构性融资工具两大类。前者通常与衍生品交易相联系，后者指各种基于基础资产发行的资产证券化产品。结构性票据本章前两节已经介绍过，本节主要介绍结构性融资工具中的分级型结构产品。

4.3.1　分级型结构产品的组成

金融杠杆（leverage）简单地说来就是一个放大器。使用杠杆，可以放大投资的收益或者损失，无论最终的结果是收益还是损失，都会以一个固定的比例增加收入或风险。杠杆型金融产品主要利用杠杆来放大收入或者损失，以满足具有风险偏好投资者的需求。杠杆型金融产品按杠杆的来源还可以分为两类：保证金型交易与分级融资型产品。保证金型交易，例如，保证金比例为 10 ％，10 元保证金便可进行 100 元市价股票的买进卖出，杠杆率为 10 倍，如果某股票上涨 5 ％，则其收益率为 10×5 ％＝50 ％；分级型结构产品，例如，某基金规模为 100 亿元，其可以通过发行有限股或者债券的形式募集 100 亿元资金，使得基金规模达到 200 亿元，基金投资具有 2 倍杠杆，投资收益在满足债券利息或者优先股股利分配后其余归普通份额持有人所有。国内基金形式为契约型，则可以通过发行分级基金的方法将基金分为优先级与普通级（例如：瑞福优先与瑞福进取、同庆 A 与同庆 B），使得优先级基金具有较低的风险收益，次级具有风险较高的杠杆型投资收益。

4.3.2　分级型结构产品的结构比例

如图 4.7 所示，分级型结构产品由优先级份额与普通级份额组合而成。那么，优先级份额与普通级份额的比例如何确定，即产品的杠杆率如何确定呢？

① 如果优先级份额与普通级份额之比较大，即产品的杠杆率较大，例如，优先级份额为 3 000 万份，普通级份额为 1 000 万份，则杠杆为（3 000＋1 000）/1 000＝4 倍。由于分级型结构产品一般给予优先级份额保本承诺，所以当产品亏损 25 ％时应该平仓，以保证优先级份额的本金不受损失。

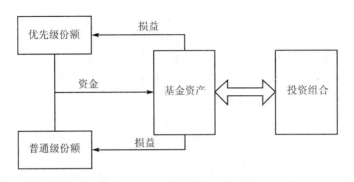

图 4.7　分级型结构产品框架

② 如果分级型结构产品杠杆过小,则对风险偏好较大投资者的吸引力有限;如果杠杆过大,产品平仓线过高,则不宜投资操作。

目前国内分级型基金杠杆率在 1.5~2 倍,例如:长盛同庆 B 的杠杆率为 1.6 倍,瑞福进取杠杆率为 1.8 倍。通过信托方式募集的结构型信托产品杠杆率在 2~4 倍,但允许在产品接近平仓线时,普通级份额投资人追加投资,避免触及平仓条款。

注:该类信托的普通投资人一般为信托管理人。

4.3.3　分级型结构产品的收益分配

如图 4.7 所示,分级型结构产品由优先级份额与普通级份额组合而成,优先级份额持有人主要为风险厌恶型,普通级份额持有人主要为风险偏好型。分级型结构产品通过优先份额与普通份额的不同收益分配方式将不同风险偏好的投资结合起来。分级型结构产品收益分配方式主要有以下几种:

① 优先级份额类似于债券,具有本金保障且每年收益一定,例如长盛同庆 A 在一定条件下给予优先份额固定的收益;

② 优先级份额与普通级份额风险收益比例不一样,比如,假设优先级份额与普通级份额数量比为 1:1,优先级份额与产品整体的损益比为 1:5,普通级份额与产品整体的损益比为 9:5,即产品整体亏损 1 元,优先级与普通级分别承担损失为 0.1 元与 0.9 元;

③ 以上两种方式的结合,首先给予优先级份额保本权利,并给予产品正收益的一部分作为优先级份额的额外收益等。

分级型结构产品的收益分配策略是影响分级型产品销售效果的重要因素,如果收益分配策略使得优先级份额与普通级份额收益分配不均衡,将使得产品对客户缺乏吸引力。

4.3.4　分级型结构产品的流通方式

结构性基金的份额规模及其份额配比的稳定是基金稳定运行的内在要求,为此,适应基金份额特征的交易方式创新以及流动性解决机制设计构成了结构性基金创新设计的重要内容。

实践中可能的途径包括两个方面:

① 通过结构性基金内含机制的创新设计,提高结构性基金两级份额的可交易性,实现两级份额的分别上市交易,既可稳定产品结构,也可满足投资者的流动性需求;

② 根据结构性基金各级份额特征及其目标客户定位,对市场交易性较差的优先份额进行

交易方式的创新设计,比如,允许优先份额进行定期申购/赎回交易,积极寻求通过银行柜台转让、场外转让、交易所大宗交易系统转让等方式满足优先份额的流动性需求。

例如:根据基金份额交易特性及其目标客户交易习惯与交易偏好的不同,瑞福基金的两级份额采取差异化的交易安排,其中,瑞福进取在交易所上市交易;对于市场交易性较差的瑞福优先,则通过定期申购/赎回进行交易,既适应了银行客户进行基金投资的交易习惯,也满足了投资者的流动性需求。

4.3.5　分级型结构产品的风险控制

首先,在基金的实际投资运作过程中,严格控制基金的投资范围,选择合理的投资策略,力求保持基金投资目标及投资风格的一贯性,避免盲目地追求高收益。加强基金投资的流动性风险管理,严格控制流动性较差证券的投资比例,并充分考虑到在市场极端情况下的风险应对措施。

其次,合理设置并严格控制结构性基金的杠杆运用比率,比如,结构性基金的杠杆比率(优先份额与基金资产净值的比率)不应超过 0.5/1,以便为优先份额提供足够的资产安全保护垫。

再次,提高基金运作的透明性。加强基金运作信息的披露与监管,对于结构性基金的投资标的、风险来源及其风险收益特征等进行充分的信息披露、充分有效地披露基金运作过程中存在的风险及其防范措施。

最后,高度重视流动性。结构性基金应针对目标客户的实际需求作出合理、有效的交易安排,满足投资者的流动性需求,并应充分考虑极端市场情况下的流动性解决方案,避免给投资者权益以及基金的稳定运作造成伤害。

综上所述,结构性产品的独特特征促使了结构性基金的创新与发展,近年来,凭借杠杆投资所带来的收益放大效应及其良好的市场交易特性,杠杆基金在美国封闭式基金市场得以盛行。借鉴美国杠杆基金设计与运作经验,结构性基金须充分重视结构分级与交易方式的创新设计,在力求设计推出简洁易懂的结构性基金产品的同时,积极在专户理财业务中探索结构性产品的深化应用,并不断加强结构性基金的创新。

第 **5** 章

人性的贪婪与恐惧在资本市场中可以得到充分的体现,组合保险策略产品是在下限风险确定的前提下,以获取潜在收益为目标的产品,本质为"恐惧基础上的贪婪"。

组合保险策略按构成主要分为基于期权的投资组合保险(Option - Based Portfolio Insurance,OBPI)策略和固定比例投资组合保险(Constant Proportion Portfolio Insurance,CPPI)策略,这是两种广泛应用的投资组合保险策略。

基于期权的投资组合保险产品使用债券与期权组合构建产品,这种构建方法与股票挂钩产品中的保本票据的构建方法一致。在利息较低或者期权价格较高的情况下,基于期权的投资组合保险策略较难实现。目前,国内市场金融工具有限,期权市场还尚未全面发展,保本产品基本都是使用固定比例投资组合保险进行构建。

5.1 固定比例组合保险策略

投资组合保险理论(Portfolio Insurance)始于 20 世纪 70 年代末 80 年代初。最初是由 Leland 和 Rubinstein(1976)提出。保本策略的本质是以确定的风险去追求潜在收益。目前,国际上流行的保本策略有很多种,其中固定比例投资组合保险(CPPI)策略是最通用的保本策略之一。CPPI 是目前保本理财产品市场上非常流行的做法,它通过动态调整投资组合中无风险品种与高收益品种的投资比例,从而达到既规避高收益投资品种价格下跌风险的同时,又享受到其价格上涨的收益。

5.1.1 策略模型

CPPI 策略是组合保险策略通用方法之一。CPPI 策略的主要架构为:将资产分为无风险资产和风险资产两部分。初始时,风险资产投资比例较低,产品投资运作一段时间后根据资产的收益情况对无风险资产和风险资产两部分的投资比例进行调整,如果出现盈利,则可进一步扩大风险投资比例;如果出现亏损,则立即减少风险资产投资比例。

CPPI 策略的基本公式如下:

$$E_t = \max(0, M_t(A_t - F_t))$$
$$G_t = A_t - E_t$$
$$F_t = A_t \lambda e^{-r(T-t)}$$

其中,A_t 表示 t 时刻投资组合的资产净值;E_t 表示 t 时刻可投资于风险资产的上限;G_t 表示 t 时刻可投资于无风险资产的下限;M_t 表示 t 时刻的风险乘数;F_t 表示 t 时刻组合的安全底线;而 $(A_t - F_t)$ 表示 t 时刻可承受风险的安全垫;λ 为初始风险控制水平(保本线);$(T-t)$ 为产品剩余期限;r 为无风险资产年化收益率。

例 5.1 某产品风险乘数为 2,保本率为 100%,债券利率为 5%,保本期限一年,则初始时刻资产配置计算为：产品初始净值为 100 元,安全底线为 100 元/(1+5％)=95.2 元,则风险资产最大配置为 2×(100 元−95.2 元)=9.6 元,无风险资产的最低配置为 100 元−9.6 元=90.4 元,如果半年后,由于风险资产收益较高,产品净值 120 元,安全底线为 100 元/(1+0.5×5％)=97.6 元,则风险资产最大配置为 2×(120 元−97.6 元)=44.8 元,无风险资产的最低配置为 120 元−44.8 元=75.2 元。同样,若风险资产亏损,则应相应减少风险资产配比。由于本产品风险乘数为 2,若风险资产亏损 50％,则根据模型公式计算,风险资产投资上限将为 0,即风险资产将被平仓。

5.1.2　模型参数

固定比例投资组合保险策略模型涉及风险控制水平、风险乘数、资产配置调整周期等多个关键参数。

1. 风险控制水平

风险控制水平,或保本线,就是产品到期时的最低净值。如果面值为 100 元的产品,到期要求最低为 100 元,即保本率为 100％,则为保本产品;若到期最低为 102 元,即保本率为 102％,则为保收益产品;若到期最低为 90 元,即保本率为 90％。

组合保险策略产品是在下限风险确定的前提下,以获取潜在收益为目标的产品。但是风险控制水平的高低决定了产品配置风险资产的高低。配置风险资产的比重越大,暴露风险头寸就越大,获取潜在收益的能力越强。风险控制水平或者保本线应该根据投资人的风险厌恶水平确定。

2. 风险乘数

当保本比率一定,风险乘数越大,则风险资产投资比例越大。如果市场行情越好,风险资产表现越好,则组合保险策略收益率也越大;反之,产品净值损失越大。在某种程度上,风险乘数的大小对整个产品的业绩起着至关重要的作用。因此,风险乘数的设定水平反映了产品投资人的风险承受能力,同时也反映了产品管理人的投资能力。

风险乘数调整策略主要分两种：

① 恒定比例模式：该方法采用消极管理方式,产品的风险乘数无论市场行情怎样,都保守一个固定的值不变。这样可以避免因主观判断误差而造成的额外损失,但同时也会错过获得额外收益的机会。

② 变动比例模式：产品的风险乘数根据市场行情而变化。如果市场行情好,将系数变大可获得超额收益;反之,市场行情差,将系数变小可有效减少股票市场系统风险给产品带来的损失,如果风险乘数根据市场行情调整,由于市场行情好坏的判断是由主观因素来判断,存在因主观误差造成产品净值损失的可能。

3. 资产配置调整周期

当风险资产处于上升阶段时,及时进行资产配置调整,从而提高风险资产比例,则会带来较好的正收益;反之,风险资产面临下跌阶段,及时进行资产配置调整,降低风险资产比例,则可以避免损失。但是,如市场处于盘整行情时,频繁调整资产比例会导致较大的交易费用。国外通常有 3 种调整方法：定期调整法则(以固定交易日作为间隔进行定期调整)、滤波调整法则(基金组合上涨或下跌一定比率时进行调整)、仓位调整法则(计算得到的股票仓位比例与实际仓位比例相差一定比率时便进行调整)。

5.2 时间不变性组合保险策略

时间不变性组合保险 TIPP（Time - Invariant Portfolio Protection）策略是由 Estep 和 Kritzman（1988）提出的，他们指出：当投资组合的价值上涨时，产品的最低保险金额是一个动态调整的值。TIPP 和 CPPI 的调整公式非常类似，TIPP 增加了保本比率调整策略，即每当产品收益达到一定的比率，则动态保本比率相应地提高一定比率。例如，产品收益达到 5 ％时，相应的保险比率提高 3 ％。

5.2.1 策略模型

TIPP 策略的基本公式如下：

$$E_t = \max(0, M_t(A_t - F_t))$$
$$G_t = A_t - E_t$$
$$F_t = A_t \lambda_t e^{-r(T-t)}$$

其中，A_t 表示 t 时刻投资组合的资产净值；E_t 表示 t 时刻可投资于风险资产的上限；G_t 表示 t 时刻可投资于无风险资产的下限；M_t 表示 t 时刻的风险乘数；F_t 表示 t 时刻组合的安全底线；而 $(A_t - F_t)$ 表示 t 时刻可承受风险的安全垫；λ_t 表示 t 时刻组合风险控制水平（保本线）；$(T-t)$ 为产品剩余期限；r 为无风险资产年化收益率。

5.2.2 模型参数

TIPP 与 CPPI 基本一致，唯一的不同便是动态保本比率。动态保本比率的确定依赖于无风险资产收益率与保本期限长短，一般经过测试而确定。当产品盈利的时候可以采用 TIPP 策略调整动态保本比率。也可以适时采用 TIPP 策略在一定时期后调整动态保本比率。该策略只当产品盈利时使用，例如在一段时期内产品盈利 5 ％，则可将动态保本比率相应调整为 3 ％，这样可使产品在一定时期后有一定收益，同时可投资于风险的资产会相应减少，即获得潜在收益的能力相比于 CPPI 策略可能会降低。

5.3 策略数值模拟

5.3.1 模拟情景假设

例 5.2 某金融产品采用组合保险策略进行资产投资，产品期限为 1 年，无风险资产为债券，其年化收益率为 5 ％；风险资产为沪深 300 指数组合，产品保本率为 100 ％。若预期未来 1 年沪深 300 指数的期望收益为 20 ％，年化标准差为 30 ％，风险资产的交易费用为 0.5 ％，选取不同的组合保险策略、产品参数（包括风险乘数、资产配置调整周期和动态保本比率调整策略），其产品收益如何？

点睛：组合保险策略 TIPP 与 CPPI 是在发达资本市场成熟的策略，一般的操作方式是买入与产品期限相符的零息债券，债券到期使得产品达到产品所要求的保本率，使用剩余的资金进行风险资产的杠杆交易（杠杆率为风险乘数），交易可以通过融资融券或者保证金交易的方

法进行。目前，国内缺少零息债券，融资融券业务尚未开展，证券交易为全额交收。组合保险策略 TIPP 与 CPPI 执行方式一般为风险资产投资部门借入无风险资产进行杠杆投资，由于无风险资产投资减少对产品的实际保本率会造成一定的影响，尤其是在市场急速下跌，风险资产投资止损平仓时，所以对产品的实际保本率将造成较大影响。

5.3.2　固定比例组合保险策略模拟

MATLAB 编程实现固定比例组合保险策略（CPPI）的函数为 CPPIStr，M 文件为 CPPIStr.m。函数语法为

$$[F,E,A,G,SumTradeFee,portFreez]=CPPIStr(PortValue,Riskmulti,GuarantRatio,$$
$$TradeDayTimeLong,TradeDayOf\ Year,$$
$$adjustCycle,RisklessReturn,TradeFee,$$
$$SData)$$

输入参数：

➤ PortValue：产品组合初始价值；

➤ Riskmulti：CPPI 策略的风险乘子；

➤ GuarantRatio：产品的保本率；

➤ TradeDayTimeLong：产品期限，以交易日计数；

➤ TradeDayOfYear：产品模拟的每年交易日，例如每年交易日为 250 天；

➤ adjustCycle：产品根据模型进行调整的周期，例如每 10 个交易日调整一次；

➤ RisklessReturn：无风险资产年化收益率；

➤ TradeFee：风险资产的交易费用；

➤ SData：模拟风险资产收益序列，布朗运动。

输出参数：

➤ F：数组，第 t 个数据表示 t 时刻安全底线；

➤ E：数组，第 t 个数据表示 t 时刻可投资于风险资产的上限；

➤ A：数组，第 t 个数据表示 t 时刻产品净值；

➤ G：数组，第 t 个数据表示 t 时刻可投资于无风险资产的下限；

➤ SumTradeFee：总交易费用；

➤ portFreez：组合风险资产是否出现平仓，0 为未出现风险资产平仓，1 为出现风险资产平仓。

代码如下：

```
function [F,E,A,G,SumTradeFee,portFreez] = CPPIStr(PortValue,Riskmulti,GuarantRatio,...
TradeDayTimeLong,TradeDayOfYear,adjustCycle,RisklessReturn,TradeFee,SData)
    % code by ariszheng@gmail.com
    % 2009 - 6 - 30
    % intput;
```

```
% PortValue, Riskmulti, GuarantRatio, TradeDayTimeLong, TradeDayOfYear, adjustCycle, RisklessRe-
turn,TradeFee,
% SData is simulation index data
% output
% F,E,A,G,SumTradeFee
% SumTradeFee
% portFreez default is 0, if portFreez = 1, portfolio freez there would have no risk -- investment
%%
SumTradeFee = 0;
F = zeros(1,TradeDayTimeLong + 1);
E = zeros(1,TradeDayTimeLong + 1);
A = zeros(1,TradeDayTimeLong + 1);
G = zeros(1,TradeDayTimeLong + 1);
A(1) = PortValue;
F(1) = GuarantRatio * PortValue * exp( - RisklessReturn * TradeDayTimeLong/TradeDayOfYear);
E(1) = max(0,Riskmulti * (A(1) - F(1)));
G(1) = A(1) - E(1);
%%
portFreez = 0; % if portFreez = 1, portfolio freez there would have no risk -- investment
%%
for i = 2:TradeDayTimeLong + 1
    E(i) = E(i - 1) * (1 + (SData(i) - SData(i - 1))/(1 + SData(i - 1)));
    G(i) = G(i - 1) * (1 + RisklessReturn/TradeDayOfYear);
    A(i) = E(i) + G(i);
    F(i) = GuarantRatio * PortValue * exp( - RisklessReturn * (TradeDayTimeLong - i + 1)/TradeDay-
OfYear);

    if mod(i,adjustCycle) == 0
        temp = E(i);
        E(i) = max(0, Riskmulti * (A(i) - F(i)) );
        SumTradeFee = SumTradeFee + TradeFee * abs(E(i) - temp);
        G(i) = A(i) - E(i) - TradeFee * abs(E(i) - temp);
    end

    if E(i) == 0
            A(i) = G(i);
            portFreez = 1;
    end
end
```

函数测试的 M 程序为 testCPPIStr. m。

① 初始参数设置,代码如下:

```
% set value
PortValue = 100；产品组合初始价值
Riskmulti = 2；产品风险乘数为 2
GuarantRatio = 1.00；产品保本率为 100 %
TradeDayTimeLong = 250；产品期限为 250 个交易日
TradeDayOfYear = 250；模拟假设一年交易日为 250 个
adjustCycle = 10；调整周期为每 10 个交易日调整一次
RisklessReturn = 0.05；无风险产品收益率为 5 %
TradeFee = 0.005；风险资产的交易费用为 0.5 %
```

② 根据参数生成符合布朗运动的收益率序列,代码如下:

```
% to generate Brown random number
LengthOfDay = 250；
testNum = 100；
Mean = 0.2/LengthOfDay；
Std = 0.3/sqrt(LengthOfDay)；
SData = BrownM(LengthOfDay,Mean,Std,1)；
```

③ 调用 CPPIStr 函数,代码如下:

```
[F,E,A,G,SumTradeFee,portFreez] = CPPIStr(PortValue,Riskmulti,GuarantRatio,...
    TradeDayTimeLong,TradeDayOfYear,adjustCycle,RisklessReturn,TradeFee,SData)；
```

④ 结果以及画图显示,代码如下:

```
% to plot
figure；
subplot(2,1,1)
plot(SData)
legend('Hs300 - Simulation')
subplot(2,1,2)
plot(A,'- * ')
hold on
plot(E,'-o')
plot(F,'-k')
plot(G,'-x')
legend('PortValue','RiskAssect','GuarantLine','RisklessAssect')
SumTradeFee
```

结果图如图 5.1 所示。

结果分析:收益序列为随机生成,由于每次计算生成的随机序列不同,则每次计算的结果不同,该次计算产品收益率为 6.94 %,总交易费用占资产总额的比例为 0.074 1 %。

若您对此书内容有任何疑问,可以凭在线交流卡登录MATLAB中文论坛与作者交流。

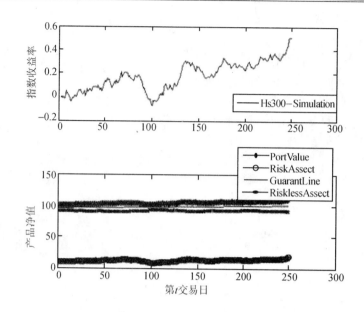

图 5.1 CPPI 策略模拟图

5.3.3 时间不变性组合保险策略模拟

MATLAB 编程实现时间不变性组合保险策略模拟(TIPP)的函数名为 TIPPStr,M 文件为 TIPPStr.m。函数语法为

[F, E, A, G, GuarantRatio, SumTradeFee, portFreez] = TIPPStr(PortValue, Riskmulti, GuarantRatio, GuarantRatioMark, GuarantRatioAdjust, TradeDayTimeLong, TradeDayOf-Year, adjustCycle, RisklessReturn, TradeFee, SData)

输入参数:

➤ PortValue：产品组合初始价值;

➤ Riskmulti：CPPI 策略的风险乘子;

➤ GuarantRatio：产品的保本率;

➤ GuarantRatioMark：产品的保本率调整标准;

➤ GuarantRatioAdjust：产品的保本率调整大小;

➤ TradeDayTimeLong：产品期限,以交易日计数;

➤ TradeDayOfYear：产品模拟的每年交易日;

➤ adjustCycle：产品根据模型进行调整的周期,例如每 10 个交易日调整一次;

➤ RisklessReturn：无风险资产年化收益率;

➤ TradeFee：风险资产的交易费用;

➤ SData：模拟风险资产收益序列,布朗运动。

注：例如,GuarantRatioMark=5 %,GuarantRatioAdjust=3 %,即产品收益每增加5 %,则产品的保本率上调3 %,GuarantRatio 只能进行向上调整。

输出参数:

➤ F：数组,第 t 个数据表示 t 时刻安全底线;

> E：数组，第 t 个数据表示 t 时刻可投资于风险资产的上限；
> A：数组，第 t 个数据表示 t 时刻产品净值；
> G：数组，第 t 个数据表示 t 时刻可投资于无风险资产的下限；
> GuarantRatio：产品的保本率；
> SumTradeFee：总交易费用；
> portFreez：组合风险资产是否出现平仓，0 为未出现风险资产平仓，1 为出现风险资产平仓。

代码如下：

```matlab
function [F,E,A,G,GuarantRatio,SumTradeFee,portFreez] = TIPPStr(PortValue,Riskmulti,Guaran-
                                    tRatio, GuarantRatioMark,
                                    GuarantRatioAdjust, TradeDa-
                                    yTimeLong, TradeDayOfYear,
                                    adjustCycle, RisklessReturn,
                                    TradeFee,SData)

% code by ariszheng@gmail.com
% 2009 - 6 - 30
% intput:
% PortValue,Riskmulti,GuarantRatio,GuarantRatioMark,GuarantRatioAdjust,Trade
% DayTimeLong,TradeDayOfYear,adjustCycle,RisklessReturn,TradeFee
% e.g GuarantRatio = 100 % ,GuarantRatioMark = 5 % ,GuarantRatioAdjust = 3 %
% if return more than GuarantRatioMark,GuarantRatio = GuarantRatio + GuarantRatioAdjust
% SData is simulation index data
% output
% F,E,A,G,SumTradeFee
% SumTradeFee
% portFreez default is 0, if portFreez = 1, portfolio freez there would have no risk -- investment
%%
SumTradeFee = 0;
F = zeros(1,TradeDayTimeLong + 1);
E = zeros(1,TradeDayTimeLong + 1);
A = zeros(1,TradeDayTimeLong + 1);
G = zeros(1,TradeDayTimeLong + 1);
A(1) = PortValue;
F(1) = GuarantRatio * PortValue * exp( - RisklessReturn * TradeDayTimeLong/TradeDayOfYear);
E(1) = max(0,Riskmulti * (A(1) - F(1)));
G(1) = A(1) - E(1);
%%
portFreez = 0; % if portFreez = 1, portfolio freez there would have no risk -- investment
GuarantRatioMarklevel = 1;
%%
for i = 2:TradeDayTimeLong + 1
    E(i) = E(i - 1) * (1 + (SData(i) - SData(i - 1))/(1 + SData(i - 1)));
```

若您对此书内容有任何疑问，可以凭在线交流卡登录MATLAB中文论坛与作者交流。

```
        G(i) = G(i - 1) * (1 + RisklessReturn/TradeDayOfYear);
        A(i) = E(i) + G(i);
        F(i) = GuarantRatio * PortValue * exp( - RisklessReturn * (TradeDayTimeLong - i + 1)/TradeDay-
OfYear);

            if mod(i,adjustCycle) == 0
                if ( A(i)/A(1) ) > (1 + GuarantRatioMarklevel * GuarantRatioMark)
                    GuarantRatio = GuarantRatio + GuarantRatioAdjust;
                    GuarantRatioMarklevel = GuarantRatioMarklevel + 1;
                end
                F(i) = GuarantRatio * PortValue * exp( - RisklessReturn * (TradeDayTimeLong - i + 1)/
TradeDayOfYear);
                temp = E(i);
                E(i) = max(0, Riskmulti * (A(i) - F(i)) );
                SumTradeFee = SumTradeFee + TradeFee * abs(E(i) - temp);
                G(i) = A(i) - E(i) - TradeFee * abs(E(i) - temp);
            end
            if E(i) == 0
                    A(i) = G(i);
                    portFreez = 1;
            end
    end
end
```

函数测试的 M 文件为 testTIPPStr.m。

① 初始参数设置,代码如下:

```
% set value
PortValue = 100;产品组合初始价值
Riskmulti = 2;产品风险乘数为 2
GuarantRatio = 1.00;产品保本率为 100 %
GuarantRatioMark = 0.05;产品的保本率调整标准为 5 %
GuarantRatioAdjust = 0.03;产品的保本率调整大小为 3 %
TradeDayTimeLong = 250;产品期限为 250 个交易日
TradeDayOfYear = 250;模拟假设一年交易日为 250 个
adjustCycle = 10;调整周期为每 10 个交易日调整一次
RisklessReturn = 0.05;无风险产品收益率为 5 %
TradeFee = 0.005;风险资产的交易费用为 0.5 %
```

② 根据参数生成符合布朗运动的收益率序列,代码如下:

```
% to generate Brown random number
LengthOfDay = 250;
testNum = 100;
Mean = 0.2/LengthOfDay;
Std = 0.3/sqrt(LengthOfDay);
SData = BrownM(LengthOfDay,Mean,Std,1);
```

③ 调用 TIPPStr 函数,代码如下:

```
% to computer
[F,E,A,G,GuarantRatio,SumTradeFee,portFreez] = TIPPStr(PortValue,Riskmulti,GuarantRatio,Guar-
                                               antRatioMark,GuarantRatioAdjust,...
                                               TradeDayTimeLong,TradeDayOfYear,...
                                               adjustCycle,RisklessReturn,...
                                               TradeFee,SData);
```

④ 计算结果及画图(如图 5.2 所示)展示。

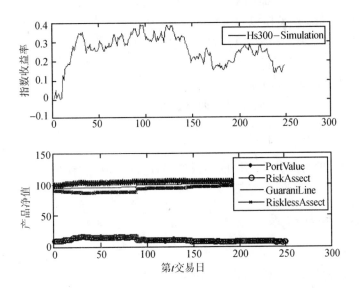

图 5.2　TIPP 策略模拟图

结果分析：收益序列为随机生成,由于每次计算生成的随机序列不同,所以每次计算的结果不同。该次计算产品收益率为 9.42 %,总交易费用占资产总额的比例为 0.073 8 %,保本率调整为 103 %。

5.4　策略选择与参数优化

5.4.1　模拟情景假设

例 5.3　某金融产品采用组合保险策略进行资产投资,产品期限为 1 年,无风险资产为债券,其年化收益率为 5 %,风险资产为沪深 300 指数组合,产品保本率为 100 %。若预期未来 1 年沪深 300 指数的期望收益为 20 %,年化标准差为 30 %,风险资产的交易费用为 0.5 %,选择 CPPI 策略或 TIPP 策略,参数如何设置使得产品期望收益最大?

5.4.2　模拟方案与模拟参数

模拟思路与步骤如下:

1. 模拟数据生成

根据案例说明,若预期未来 1 年沪深 300 指数的期望收益为 20 %,年化标准差为 30 %,

生成 1 000 组不同的布朗运动的随机序列。

2. 模拟参数设置

CPPI 策略模拟参数设置如下：

➤ PortValue：产品组合初始价值为 100；

➤ Riskmulti：CPPI 策略的风险乘子,分别选取 2、2.5、3.0、3.5、4.0 五种情况；

➤ GuarantRatio：产品的保本率分为 95 %、100 %两种情况；

➤ TradeDayTimeLong：产品期限,以交易日计数,为 250；

➤ TradeDayOfYear：产品模拟的每年交易日,为 250；

➤ adjustCycle：产品根据模型进行调整的周期,采用 1、5、10、20 四种情况；

➤ RisklessReturn：无风险资产年化收益率为 5 %。

TIPP 策略模拟参数设置如下：

➤ GuarantRatioMark：产品的保本率调整标准；

➤ GuarantRatioAdjust：产品的保本率调整大小。

3. 模拟计算

使用 CPPI 与 TIPP 分别使用不同的参数设置,进行 1 000 次模拟计算,使用 1 000 次的均值作为在给定条件下的期望收益率。

5.4.3 模拟程序与结果

1. CPPI 策略模拟

CPPI 策略模拟程序的 M 文件为 CPPIOpt. m。

参数说明：

➤ GuarantRatio：产品保本率,分别为 95 %、100 % 两种情况；

➤ Riskmulti：产品风险乘数,分别为 2、2.5、3、3.5、4 五种情况；

➤ adjustCycle：策略调整周期,分别为 1、5、10、20,即每天调整、每周调整等四种情况；

➤ Return：在参数一定条件下的产品收益率(年化)；

➤ Volatility：在参数一定条件下的产品波动率(年化)；

➤ SumTradeFee：在参数一定条件下的产品交易费用；

➤ portFreez：在参数一定条件下的产品风险资产平仓的概率。

根据不同参数的组合将计算出共 40 种不同参数情况下 CPPI 策略的结果。

模拟程序代码如下：

```
%%
% CPPI simulation
PortValue = 100; % Portfoilo Value
TradeDayTimeLong = 250;
TradeDayOfYear = 250;
RisklessReturn = 0.05;
TradeFee = 0.005;
Riskmulti = [2,2.5,3,3.5,4];
GuarantRatio = [0.95,1.00];
adjustCycle = [1,5,10,20];
```

```
CPPITestMatrix = zeros(length(GuarantRatio) * length(Riskmulti) * length(adjustCycle),7);
% CPPIResult = [GuarantRatio,Riskmulti,adjustCycle,Return,Volatility,SumTradeFee,portFreez]
%%
num = 0;
for i = 1:length(GuarantRatio)
    for j = 1:length(Riskmulti);
        for k = 1:length(adjustCycle)
            num = num + 1;
            CPPITestMatrix(num,1:3) = [GuarantRatio(i),Riskmulti(j),adjustCycle(k)];
        end
    end
end
%%
testNum = 1000;
% to generate Brown random number
Mean = 0.2/TradeDayOfYear;
Std = 0.3/sqrt(TradeDayOfYear);
SDataMatrix = zeros(testNum,TradeDayTimeLong + 1);
for i = 1:testNum
    SDataMatrix(i,:) = BrownM(TradeDayTimeLong,Mean,Std,1);
end

%%
% CPPI compute
SumTradeFee = zeros(testNum,1);
portFreez = zeros(testNum,1);
testReturn = zeros(testNum,1);
testVolatility = zeros(testNum,1);
for testNo = 1:length(CPPITestMatrix)
    for i = 1:testNum
        % CPPIResult = [GuarantRatio,Riskmulti,adjustCycle,Return,Volatility,
        % SumTradeFee]
        TRiskmulti = CPPITestMatrix(testNo,2);
        TGuarantRatio = CPPITestMatrix(testNo,1);
        TadjustCycle = CPPITestMatrix(testNo,3);
        [F,E,A,G,SumTradeFee(i),portFreez(i)] = CPPIStr(PortValue,TRiskmulti,...
            TGuarantRatio,TradeDayTimeLong,TradeDayOfYear,TadjustCycle,RisklessReturn,...
            TradeFee,SDataMatrix(i,:));
        testReturn(i) = ( A(TradeDayTimeLong + 1) - A(1) )/A(1);
        testVolatility(i) = std( price2ret( A ) ) * sqrt(TradeDayOfYear);
    end
    CPPITestMatrix(testNo,4) = sum(testReturn)/testNum;
    CPPITestMatrix(testNo,5) = sum(testVolatility)/testNum;
    CPPITestMatrix(testNo,6) = sum(SumTradeFee)/testNum;
    CPPITestMatrix(testNo,7) = sum(portFreez)/testNum;
end
CPPITestMatrix
```

计算结果如表 5.1 所列。

表 5.1　CPPI 策略模拟结果

GuarantRatio/%	Riskmulti	adjustCycle	Return	Volatility	SumTradeFee	portFreez
95	2	1	0.075 0	0.055 8	0.365 8	0
95	2	5	0.077 3	0.056 3	0.164 8	0
95	2	10	0.077 9	0.056 4	0.116 9	0.001
95	2	20	0.078 1	0.056 4	0.080 6	0
95	2.5	1	0.078 4	0.069 5	0.684 1	0
95	2.5	5	0.082 8	0.070 5	0.310 5	0
95	2.5	10	0.083 9	0.070 8	0.220 7	0.001
95	2.5	20	0.084 3	0.070 8	0.152 0	0.002
95	3	1	0.080 7	0.082 7	1.087 4	0
95	3	5	0.087 9	0.084 8	0.498 6	0.001
95	3	10	0.089 7	0.085 3	0.355 0	0.002
95	3	20	0.090 4	0.085 5	0.244 5	0.003
95	3.5	1	0.081 9	0.095 5	1.569 5	0.001
95	3.5	5	0.092 4	0.098 9	0.728 5	0.001
95	3.5	10	0.095 1	0.099 8	0.520 0	0.002
95	3.5	20	0.096 2	0.100 2	0.358 0	0.01
95	4	1	0.082 1	0.107 7	2.122 5	0.001
95	4	5	0.096 5	0.112 8	0.999 5	0.001
95	4	10	0.100 3	0.114 2	0.715 6	0.004
95	4	20	0.101 9	0.115 0	0.492 8	0.025
100	2	1	0.063 3	0.028 5	0.185 2	0
100	2	5	0.064 5	0.028 8	0.083 4	0
100	2	10	0.064 7	0.028 8	0.059 2	0.001
100	2	20	0.064 8	0.028 8	0.040 8	0
100	2.5	1	0.065 0	0.035 6	0.346 3	0
100	2.5	5	0.067 2	0.036 2	0.157 2	0
100	2.5	10	0.067 8	0.036 3	0.111 7	0.001
100	2.5	20	0.068 0	0.036 4	0.077 0	0.002
100	3	1	0.066 2	0.042 7	0.550 5	0
100	3	5	0.069 8	0.043 8	0.252 4	0.001
100	3	10	0.070 7	0.044 0	0.179 7	0.002
100	3	20	0.071 1	0.044 1	0.123 8	0.003

GuarantRatio/%	Riskmulti	adjustCycle	Return	Volatility	SumTradeFee	portFreez
100	3.5	1	0.066 8	0.049 5	0.794 6	0.001
100	3.5	5	0.072 1	0.051 4	0.368 8	0.001
100	3.5	10	0.073 5	0.051 8	0.263 3	0.002
100	3.5	20	0.074 0	0.052 0	0.181 3	0.01
100	4	1	0.066 9	0.056 1	1.074 6	0.001
100	4	5	0.074 2	0.059 0	0.506 0	0.002
100	4	10	0.076 1	0.059 8	0.362 3	0.004
100	4	20	0.076 9	0.060 2	0.249 5	0.025

结果分析：CPPI 策略在预期市场上涨概率较大的情况下，CPPI 策略低保本率与高风险乘数获得收益最高，为 10.19 %；波动性也最大，为 11.5 %；发生风险资产平仓的概率同样最大。策略的调整间隔越短，交易费用越高。

2. TIPP 策略模拟

TIPP 策略模拟程序的 M 文件为 TIPPOpt.m。

参数说明：

➢ GuarantRatio：产品保本率，分别为 95 %、100 % 两种情况；

➢ Riskmulti：产品风险乘数，分别为 2、2.5、3、3.5、4 五种情况；

➢ adjustCycle：策略调整周期，分别为 1、5、10、20，即每天调整、每周调整等四种情况；

➢ Return：在参数一定条件下的产品收益率（年化）；

➢ Volatility：在参数一定条件下的产品波动率（年化）；

➢ SumTradeFee：在参数一定条件下的产品交易费用；

➢ portFreez：在参数一定条件下的产品风险资产平仓的概率；

➢ GuarantRatioMark：产品的保本率调整标准；

➢ GuarantRatioAdjust：产品的保本率调整大小。

分别采取以下两组数据：

① GuarantRatioMark＝5 %，GuarantRatioAdjust＝3 %；

② GuarantRatioMark＝3 %，GuarantRatioAdjust＝2 %。

根据不同参数的组合，将计算出共 80 种不同参数情况下 CPPI 策略模拟结果。

程序代码如下：

```
%%
% TIPP simulation
PortValue = 100; % Portfoilo Value
TradeDayTimeLong = 250;
TradeDayOfYear = 250;
RisklessReturn = 0.05;
TradeFee = 0.005;
Riskmulti = [2,2.5,3,3.5,4];
GuarantRatio = [0.95,1.00];
adjustCycle = [1,5,10,20];
```

```matlab
GuarantRatioMark = [0.03,0.05];
GuarantRatioAdjust = [0.02,0.03];
TIPPTestMatrix = zeros(length(GuarantRatioMark) * length(GuarantRatio) * length(Riskmulti)...
    * length(adjustCycle),9);
% CPPIResult = [GuarantRatio,GuarantRatioMark,GuarantRatioAdjust,Riskmulti,adjustCycle,···
Return,
% Volatility,SumTradeFee,portFreez]
%%
num = 0;
for i = 1:length(GuarantRatio)
    for j = 1:length(Riskmulti);
        for k = 1:length(adjustCycle)
            for l = 1:length(GuarantRatioMark)
            num = num + 1;
            TIPPTestMatrix(num,[1,4,5]) = [GuarantRatio(i),Riskmulti(j),adjustCycle(k)];
            TIPPTestMatrix(num,[2,3]) = [GuarantRatioMark(l),GuarantRatioAdjust(l)];
            end
        end
    end
 end
%%
testNum = 1000;
% to generate Brown random number
Mean = 0.2/TradeDayOfYear;
Std = 0.3/sqrt(TradeDayOfYear);
SDataMatrix = zeros(testNum,TradeDayTimeLong + 1);
for i = 1:testNum
    SDataMatrix(i,:) = BrownM(TradeDayTimeLong,Mean,Std,1);
end

%%
% TIPP compute
SumTradeFee = zeros(testNum,1);
portFreez = zeros(testNum,1);
testReturn = zeros(testNum,1);
testVolatility = zeros(testNum,1);
for testNo = 1:length(TIPPTestMatrix)
    for i = 1:testNum
        % TIPPResult = [GuarantRatio,GuarantRatioMark,GuarantRatioAdjust,Riskmulti,...
        adjustCycle,Return,
        % Volatility,SumTradeFee,portFreez]
        TRiskmulti = TIPPTestMatrix(testNo,4);
        TGuarantRatio = TIPPTestMatrix(testNo,1);
        TadjustCycle = TIPPTestMatrix(testNo,5);
        TGuarantRatioMark = TIPPTestMatrix(testNo,2);
```

```
        TGuarantRatioAdjust = TIPPTestMatrix(testNo,3);
    [F,E,A,G,GuarantRatio,SumTradeFee(i),portFreez(i)] = TIPPStr(PortValue,TRiskmulti,...
    TGuarantRatio,TGuarantRatioMark,TGuarantRatioAdjust,TradeDayTimeLong,TradeDayOfYear,...
    TadjustCycle,RisklessReturn,TradeFee,SDataMatrix(i,:));
        testReturn(i) = ( A(TradeDayTimeLong + 1) − A(1) )/A(1);
        testVolatility(i) = std( price2ret( A ) ) * sqrt(TradeDayOfYear);
    end
    TIPPTestMatrix(testNo,6) = sum(testReturn)/testNum;
    TIPPTestMatrix(testNo,7) = sum(testVolatility)/testNum;
    TIPPTestMatrix(testNo,8) = sum(SumTradeFee)/testNum;
    TIPPTestMatrix(testNo,9) = sum(portFreez)/testNum;
end
TIPPTestMatrix
```

计算结果见表 5.2 所列。

表 5.2 TIPP 策略模拟结果

GuarantRatio	GuarantRatioMark	GuarantRatioAdjust	Riskmulti	adjustCycle	Return	Volatility	SumTradeFee	portFreez
0.95	0.03	0.02	2	1	0.069 8	0.046 3	0.330 9	0
0.95	0.05	0.03	2	1	0.071 1	0.049 2	0.347 4	0
0.95	0.03	0.02	2	5	0.072 0	0.047 2	0.157 6	0
0.95	0.05	0.03	2	5	0.073 3	0.050 0	0.167 2	0
0.95	0.03	0.02	2	10	0.072 7	0.047 8	0.111 0	0
0.95	0.05	0.03	2	10	0.074 1	0.050 4	0.120 6	0
0.95	0.03	0.02	2	20	0.073 6	0.048 6	0.072 3	0
0.95	0.05	0.03	2	20	0.074 9	0.051 0	0.081 0	0
0.95	0.03	0.02	2.5	1	0.071 6	0.055 5	0.571 4	0
0.95	0.05	0.03	2.5	1	0.073 0	0.059 3	0.609 2	0
0.95	0.03	0.02	2.5	5	0.075 5	0.056 8	0.258 7	0
0.95	0.05	0.03	2.5	5	0.077 0	0.060 5	0.284 5	0
0.95	0.03	0.02	2.5	10	0.076 8	0.057 9	0.174 7	0
0.95	0.05	0.03	2.5	10	0.078 3	0.061 3	0.199 0	0
0.95	0.03	0.02	2.5	20	0.078 2	0.059 2	0.109 1	0
0.95	0.05	0.03	2.5	20	0.079 9	0.062 3	0.128 4	0
0.95	0.03	0.02	3	1	0.072 5	0.063 9	0.852 6	0
0.95	0.05	0.03	3	1	0.073 8	0.068 3	0.916 9	0
0.95	0.03	0.02	3	5	0.078 5	0.066 0	0.374 7	0
0.95	0.05	0.03	3	5	0.079 8	0.070 3	0.419 5	0
0.95	0.03	0.02	3	10	0.080 4	0.067 4	0.249 0	0

若您对此书内容有任何疑问，可以凭在线交流卡登录MATLAB中文论坛与作者交流。

GuarantRatio	GuarantRatioMark	GuarantRatioAdjust	Riskmulti	adjustCycle	Return	Volatility	SumTradeFee	portFreez
0.95	0.05	0.03	3	10	0.082 1	0.071 5	0.286 4	0
0.95	0.03	0.02	3	20	0.082 6	0.069 7	0.160 4	0.002
0.95	0.05	0.03	3	20	0.084 2	0.073 2	0.181 6	0.002
0.95	0.03	0.02	3.5	1	0.072 4	0.071 3	1.160 9	0
0.95	0.05	0.03	3.5	1	0.073 7	0.076 4	1.259 9	0
0.95	0.05	0.03	3.5	5	0.080 6	0.074 4	0.502 8	0
0.95	0.05	0.03	3.5	5	0.082 3	0.079 5	0.568 9	0
0.95	0.03	0.02	3.5	10	0.083 4	0.076 4	0.338 0	0.002
0.95	0.05	0.03	3.5	10	0.085 4	0.081 2	0.384 2	0.002
0.95	0.03	0.02	3.5	20	0.086 5	0.080 2	0.227 3	0.011
0.95	0.05	0.03	3.5	20	0.088 1	0.083 8	0.248 8	0.011
0.95	0.03	0.02	4	1	0.071 5	0.078 0	1.487 9	0
0.95	0.05	0.03	4	1	0.073 0	0.083 7	1.624 0	0
0.95	0.03	0.02	4	5	0.082 4	0.082 2	0.642 7	0.002
0.95	0.05	0.03	4	5	0.084 4	0.087 8	0.725 4	0.002
0.95	0.03	0.02	4	10	0.086 1	0.085 1	0.438 5	0.006
0.95	0.05	0.03	4	10	0.088 3	0.090 3	0.494 7	0.006
0.95	0.03	0.02	4	20	0.090 6	0.090 9	0.311 1	0.026
0.95	0.05	0.03	4	20	0.091 8	0.093 9	0.326 3	0.026
1	0.03	0.02	2	1	0.060 1	0.022 9	0.171 1	0
1	0.05	0.03	2	1	0.061 3	0.025 3	0.182 7	0
1	0.03	0.02	2	5	0.061 1	0.023 4	0.089 1	0
1	0.05	0.03	2	5	0.062 3	0.025 7	0.092 7	0
1	0.03	0.02	2	10	0.061 4	0.023 6	0.067 9	0
1	0.05	0.03	2	10	0.062 7	0.025 9	0.070 0	0
1	0.03	0.02	2	20	0.061 9	0.024 1	0.049 6	0
1	0.05	0.03	2	20	0.063 3	0.026 2	0.050 7	0
1	0.03	0.02	2.5	1	0.060 8	0.027 8	0.293 5	0
1	0.05	0.03	2.5	1	0.062 3	0.030 7	0.318 9	0
1	0.03	0.02	2.5	5	0.062 7	0.028 5	0.145 0	0
1	0.05	0.03	2.5	5	0.064 2	0.031 3	0.156 7	0
1	0.03	0.02	2.5	10	0.063 3	0.028 9	0.106 5	0
1	0.05	0.03	2.5	10	0.064 8	0.031 8	0.114 9	0

GuarantRatio	GuarantRatioMark	GuarantRatioAdjust	Riskmulti	adjustCycle	Return	Volatility	SumTradeFee	portFreez
1	0.03	0.02	2.5	20	0.064 2	0.029 5	0.074 0	0
1	0.05	0.03	2.5	20	0.065 7	0.032 2	0.080 7	0
1	0.03	0.02	3	1	0.061 3	0.032 2	0.437 7	0
1	0.05	0.03	3	1	0.062 7	0.035 6	0.481 0	0
1	0.03	0.02	3	5	0.064 2	0.0332	0.210 7	0
1	0.05	0.03	3	5	0.065 8	0.0366	0.232 5	0
1	0.03	0.02	3	10	0.065 3	0.033 8	0.150 0	0
1	0.05	0.03	3	10	0.066 7	0.037 3	0.167 8	0
1	0.03	0.02	3	20	0.066 3	0.034 7	0.100 0	0.002
1	0.05	0.03	3	20	0.067 9	0.038 0	0.114 0	0.002
1	0.03	0.02	3.5	1	0.061 4	0.036 1	0.597 8	0
1	0.05	0.03	3.5	1	0.062 9	0.040 1	0.662 6	0
1	0.03	0.02	3.5	5	0.065 4	0.037 6	0.282 5	0
1	0.05	0.03	3.5	5	0.067 3	0.041 5	0.316 9	0
1	0.03	0.02	3.5	10	0.066 8	0.038 5	0.196 8	0.002
1	0.05	0.03	3.5	10	0.068 4	0.042 4	0.225 1	0.002
1	0.03	0.02	3.5	20	0.068 3	0.039 8	0.127 9	0.011
1	0.05	0.03	3.5	20	0.070 2	0.043 5	0.150 1	0.011
1	0.03	0.02	4	1	0.061 1	0.039 8	0.770 0	0
1	0.05	0.03	4	1	0.062 3	0.044 1	0.859 0	0
1	0.03	0.02	4	5	0.066 3	0.041 8	0.358 8	0.002
1	0.05	0.03	4	5	0.068 3	0.046 3	0.408 2	0.002
1	0.03	0.02	4	10	0.068 2	0.043 0	0.246 3	0.006
1	0.05	0.03	4	10	0.070 1	0.047 5	0.286 5	0.006
1	0.03	0.02	4	20	0.069 8	0.044 7	0.160 2	0.027
1	0.05	0.03	4	20	0.072 3	0.049 0	0.188 5	0.026

结果分析: TIPP 的结果与 CPPI 结果类似,在预期市场上涨概率较大的情况下,TIPP 策略低保本率与高风险乘数获得收益最高,为 9.18 %;波动性也最大,为 9.35 %;发生风险资产平仓的概率同样最大。策略的调整间隔越短,交易费用越高。在预期市场上涨概率较大的情况下,TIPP 策略使得收益与风险较 CPPI 策略降低。

第 **6** 章
金融数量计算技巧与实例

金融数量分析是充满变革与创新的世界,从 20 世纪 50 年代的马柯维茨模型,到 70 年代的 BS 期权定价公式,到 90 年代 CDOs 的定价模型等,这些模型在当时无处不是创新的产物。在金融数量分析的学习与研究中,往往遇见没有现成求解工具的模型,需要我们利用基本数学原理或者数值计算软件,根据实际的需要进行金融数量模型的建立、求解、验证等。在这个过程中,不仅需要数学原理,可能还需要更多的数值处理技巧。或许只有在数学原理与数值技术有效结合的前提下,才能更有效地求解金融数学模型。本章以 BS 公式的隐含波动率计算、KMV 模型方程组的求解、移动平均 hurst 指数计算与基于优化方法的指数追踪技术为例,展示金融数量分析的步骤与技巧。

6.1 BS公式隐含波动率计算

6.1.1 隐含波动率概念

如在第 2 章介绍的 Black - Scholes 期权定价公式、欧式期权理论价格的表达式:

$$c_t = S_t N(d_1) - X e^{-r(T-t)} N(d_2)$$
$$P_t = X e^{-r(T-t)} [1 - N(d_2)] - S[1 - N(d_1)]$$

其中

$$d_1 = \frac{\left[\ln\left(\frac{S_t}{X}\right) + \left(r + \frac{\sigma^2}{2}\right)(T-t) \right]}{[\sigma^2(T-t)]^{1/2}}$$
$$d_2 = d_1 - \sigma^2 (T-t)^{1/2}$$

Black - Scholes 期权定价模型将股票期权价格的主要因素分为 5 个:

S_t:标的资产市场价格;

X:执行价格;

r:无风险利率;

σ:标的资产价格波动率;

$T-t$:距离到期时间。

一般情况下,已知上述 5 个参数即可计算出相对应的期权价格。期权可以在交易所进行交易的,但其交易价格不一定是根据历史波动率由 BS 公式计算出的理论价格。主要原因为投资者认为该期权标的证券的波动率与其历史波动率不一致(例如,期权标的证券代表的公司可能将发生合并重组、资产注入)或者由于非理性投资造成。

隐含波动率是将市场上的期权交易价格代入权证理论价格的 Black - Scholes 模型,反推出来的波动率数值。由于期权定价 BS 模型给出了期权价格与 5 个基本参数之间的定量关系,只要将其中前 4 个基本参数及期权的实际市场价格作为已知量代入定价公式,就可以从中解出唯一的未知量,其大小就是隐含波动率。

隐含波动率是一个重要的风险指标。历史波动率反映期权标的证券在过去一段时间的波动幅度,期权发行商与投资者在期权发行初期只能利用历史波动率作参考。一般来说,期权的隐含波动率越高,其隐含的风险也就越大。期权投资者除了可以利用期权的正股价格变化方向来买卖权证外,还可以从股价的波动幅度的变化中获利。一般来说,波动率并不是无限上涨或下跌,而是在一个区间内来回振荡,投资者可以采取在隐含波动率较低时买入而在较高时卖出期权的方法来获利。

如何判断一个期权的价格是否高估? 主要应该看隐含波动率与其标的证券的历史波幅之间的关系。隐含波动率是市场对其标的证券未来一段时间内的波动预期,与期权价格是同方向变化。一般而言,隐含波动率不会与历史波幅相等,但在其标的证券的基本面保持稳健的条件下,应该相差不大。

6.1.2　隐含波动率计算方法

隐含波动率是把权证的价格代入 BS 模型中反算出来的,它反映了投资者对未来标的证券波动率的预期。Black - Scholes 期权定价公式中,已知:S_t:标的资产市场价格;X:执行价格;r:无风险利率;$T-t$:距离到期时间;看涨期权 c_t 或者看跌期权 p_t。根据 BS 公式可计算出与其相应的隐含波动率 σ_{yin}。

数学模型为

$$f_c(\sigma_{yin}) = S_t N(d_1) - X e^{-r(T-t)} N(d_2) - c_t$$
$$f_p(\sigma_{yin}) = X e^{-r(T-t)} [1 - N(d_2)] - S[1 - N(d_1)] - p_t$$

其中

$$d_1 = \frac{\left[\ln\left(\dfrac{S_t}{X}\right) + \left(r + \dfrac{\sigma_{yin}^2}{2}\right)(T-t) \right]}{\left[\sigma_{yin}^2 (T-t)^{1/2} \right]}$$

$$d_2 = d_1 - \sigma_{yin}^2 (T-t)^{1/2}$$

求解方程 $f_c(\sigma_{yin}) = 0$,$f_p(\sigma_{yin}) = 0$ 的根。

6.1.3　隐含波动率计算程序

利用 fsolve 函数计算隐含波动率,fsolve 是 MATLAB 最主要内置的求解方程组的函数,fsolve 的具体使用方法可以参看附录 B。

例 6.1　假设欧式股票期权现价为 100 元,一年后执行价格 95 元,无股利支付,股价年化波动率为 50 %,无风险利率为 10 %,则期权价格运算结果为

```
>> [Call, Put] = blsprice(100, 95, 0.1, 0.25, 0.5)
>> Call = 13.6953    Put = 6.3497
```

假设目前其期权交易价格为 Call＝15.00 元,Put＝7.00 元,分别计算其相对应的隐含波动率。

步骤 1:建立方程函数。

看涨期权隐含波动率方程的 M 文件为 ImpliedVolatitityCallObj. m。方程函数语法为

f＝ImpliedVolatitityCallObj(Volatility, Price, Strike, Rate, Time, Callprice)

若您对此书内容有任何疑问,可以凭在线交流卡登录MATLAB中文论坛与作者交流。

输入参数：

➢ Volatility：标的资产价格波动率；

➢ Price：标的资产市场价格；

➢ Strike：执行价格；

➢ Rate：无风险利率；

➢ Time：距离到期时间；

➢ Callprice：看涨期权价格。

输出参数：

➢ f：$f_c(\sigma_{yin})$的函数值。

程序代码如下：

```
function f = ImpliedVolatitityCallObj(Volatility, Price, Strike, Rate, Time, Callprice)
% ImpliedVolatitityCallObj
% code by ariszheng@gmail.com 2009 - 8 - 3
[Call,Put] = blsprice(Price, Strike, Rate, Time, Volatility);
% fc(ImpliedVolatitity) = Call - Callprice = 0
f = Call - Callprice;
```

看跌期权隐含波动率方程的 M 文件为 ImpliedVolatitityPutObj. m。方程函数语法为
f＝ImpliedVolatitityPutObj(Volatility，Price，Strike，Rate，Time，Putprice)

输入参数：

➢ Volatility：标的资产价格波动率；

➢ Price：标的资产市场价格；

➢ Strike：执行价格；

➢ Rate：无风险利率；

➢ Time：距离到期时间；

➢ Putprice：看跌期权价格。

输出参数：

➢ f：$f_p(\sigma_{yin})$的函数值。

程序代码如下：

```
function f = ImpliedVolatitityPutObj(Volatility, Price, Strike, Rate, Time, Putprice)
% ImpliedVolatitityCallObj
% code by ariszheng@gmail.com 2009 - 8 - 3
[Call,Put] = blsprice(Price, Strike, Rate, Time, Volatility);
% fp(ImpliedVolatitity) = Put - Putprice = 0
f = Put - Putprice;
```

步骤 2：求解方程函数。

求解方程函数的 M 文件为 ImpliedVolatility. m。函数语法为
[Vc，Vp，Cfval，Pfval]＝ImpliedVolatility(Price，Strike，Rate，Time，CallPrice，PutPrice)

输入参数：

➢ Price：标的资产市场价格；

> ➤ Strike：执行价格；
> ➤ Rate：无风险利率；
> ➤ Time：距离到期时间；
> ➤ Callprice：看涨期权价格；
> ➤ Putprice：看跌期权价格。

输出参数：

> ➤ Vc：看涨期权的隐含波动率；
> ➤ Vp：看跌期权的隐含波动率；
> ➤ Cfval：$f_c(\sigma_{yin})$ 的函数值，若为 0，则隐含波动率计算正确；
> ➤ Pfval：$f_p(\sigma_{yin})$ 的函数值，若为 0，则隐含波动率计算正确。

程序代码如下：

```
function [Vc,Vp,Cfval,Pfval] = ImpliedVolatility(Price,Strike,Rate,Time,CallPrice,PutPrice)
% ImpliedVolatility
% code by ariszheng@gmail.com 2009 - 8 - 3
% 优化算法初始迭代点
Volatility0 = 1.0;
% CallPrice 对应的隐含波动率
[Vc,Cfval] = fsolve(@(Volatility) ImpliedVolatitityCallObj(Volatility, Price, Strike,...
    Rate, Time, CallPrice),Volatility0);
% CallPrice 对应的隐含波动率
[Vp,Pfval] = fsolve(@(Volatility) ImpliedVolatitityPutObj(Volatility, Price, Strike,...
    Rate, Time, PutPrice),Volatility0);
```

步骤 3：函数求解。

函数求解的 M 文件为 TestImpliedVolatility.m，代码如下：

```
% TestImpliedVolatility
Price = 100;
Strike = 95;
Rate = 0.10;
Time = 1.0;
CallPrice = 15.0; % 看涨期权交易价格
PutPrice = 7.0; % 看跌期权交易价格
[Vc,Vp,Cfval,Pfval] = ImpliedVolatility(Price,Strike,Rate,Time,CallPrice,PutPrice)
```

计算结果如下：

```
>> Optimization terminated: first - order optimality is less than options.TolFun.
Optimization terminated: first - order optimality is less than options.TolFun.
Vc =
    0.1417
Vp =
    0.3479
Cfval =
  3.7957e - 011
```

```
Pfval =
    7.1054e-015
```

结果分析： Cfval 与 Pfval 函数值为 0。说明计算出 Vc 与 Vp 为方程的解，即期权交易价格为 Call=15.00 元，Put=7.00 元，分别计算其相对应的隐含波动率为 14.17 % 与 34.79 %。

波动率与价格关系图如图 6.1 所示。

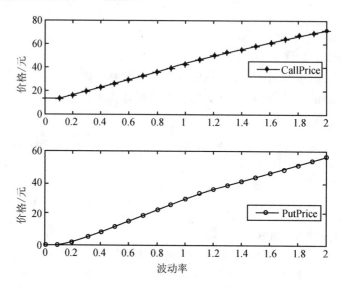

图 6.1 波动率与价格关系图

在其他条件不变的情况下，图 6.1 为期权价格与波动率关系图，横轴为波动率，纵轴为交易价格。

画图程序的 M 文件为 VolatilityPrice.m，其代码如下：

```
Price = 100;
Strike = 95;
Rate = 0.10;
Time = 1.0;
Volatility = 0:0.1:2.0;
n = length(Volatility);
Call = zeros(n,1);
Put = zeros(n,1);
for i = 1:n
    [Call(i),Put(i)] = blsprice(Price, Strike, Rate, Time, Volatility(i));
end
subplot(2,1,1)
plot(Volatility,Call,'-*');
legend('CallPrice')
subplot(2,1,2)
plot(Volatility,Put,'-o');
legend('PutPrice')
```

注： 程序中引用的[Call,Put]=blsprice(Price，Strike，Rate，Time，Volatility)函数中，

Volatility 参数不能为负数,在特殊情况下,某些期权价格不符合 BS 公式,即某些期权价格不能使用上述公式计算出隐含波动率。

6.2　KMV 模型方程组的求解

6.2.1　KMV 模型简介

现代信用风险度量模型主要有 KMV 模型、CreditMetrics、麦肯锡模型和 CSFP 信用风险附加计量模型等四类,本节主要介绍 KMV 模型的程序计算方法。

CreditMetrics 是由 J. P. 摩根公司等 1997 年开发出的模型,运用 VaR 框架,对贷款和非交易资产进行估价和风险计算。CreditMetrics 方法是基于借款人的信用评级、次年评级发生变化的概率(评级转移矩阵)、违约贷款的回收率、债券市场上的信用风险价差计算出贷款的市场价值及其波动性,进而得出个别贷款和贷款组合的 VaR 值。

麦肯锡模型则在 CreditMetrics 的基础上,对周期性因素进行了处理,将评级转移矩阵与经济增长率、失业率、利率、汇率、政府支出等宏观经济变量之间的关系模型化,并通过蒙特卡罗模拟技术(a structured Monte Carlo simulation approach)模拟周期性因素的"冲击"来测定评级转移概率的变化。麦肯锡模型可以看成是对 CreditMetrics 的补充,它克服了 CreditMetrics 中不同时期的评级转移矩阵固定不变的缺点。

CSFP 信用风险附加计量模型与作为盯市模型(market to market)的 CreditMetrics 不同,它是一个违约模型(DM),它不把信用评级的升降和与此相关的信用价差变化视为一笔贷款的 VaR(信用风险)的一部分,而只看作是市场风险,它在任何时期只考虑违约和不违约这两种事件状态,计量预期到和未预期到的损失,而不像在 CreditMetrics 中度量预期到的价值和未预期到的价值变化。在 CSFP 信用风险附加计量模型中,违约概率不再是离散的,而被模型化为具有一定概率分布的连续变量。每一笔贷款被视作小概率违约事件,并且每笔贷款的违约概率都独立于其他贷款,这样,贷款组合违约概率的分布接近泊松分布。CSFP 信用风险附加计量模型考虑违约概率的不确定性和损失大小的不确定性,并将损失的严重性和贷款的风险暴露数量划分频段,计量违约概率和损失大小可以得出不同频段损失的分布,对所有频段的损失加总即为贷款组合的损失分布。

KMV 模型是美国旧金山市 KMV 公司于 20 世纪 90 年代建立的用来估计借款企业违约概率的方法。KMV 模型认为,贷款的信用风险是在给定负债的情况下由债务人的资产市场价值决定的。但资产并没有真实地在市场交易,资产的市场价值不能直接观测到。为此,模型将银行的贷款问题倒转一个角度,从借款企业所有者的角度考虑贷款归还的问题。在债务到期日,如果公司资产的市场价值高于公司债务值(违约点),则公司股权价值为公司资产市场价值与债务值之间的差额;如果此时公司资产价值低于公司债务值,则公司变卖所有资产用以偿还债务,股权价值变为零。

KMV 模型的优势在于以现代期权理论基础作依托,充分利用资本市场的信息而非历史账面资料进行预测,将市场信息纳入了违约概率,更能反映上市企业当前的信用状况,是对传统方法的一次革命。KMV 模型是一种动态模型,采用的主要是股票市场的数据,因此,数据和结果更新很快,具有前瞻性,是一种"向前看"的方法。在给定公司的现时资产结构的情况下,一旦确定出资产价值的随机过程,便可得到任一时间单位的实际违约概率。其劣势在于假设比较苛刻,尤其是资产收益分布实际上存在"肥尾"现象,并不满足正态分布假设;仅抓住了违约预测,忽视了企业信用品质的变化;没有考虑信息不对称情况下的道德风险;必须使用估计技术来获得资产价值、企业资产收益率的期望值和波动性;对非上市公司因使用资料的可获得性差,预测的准确性也较差;不能处理非线性产品,如期权、外币掉期等。

6.2.2 KMV 模型计算方法

KMV 模型又称为预期违约率模型(Expected Default Frequency,EDF),该模型把违约债务看作企业的或有权益,把所有者权益视为看涨期权,将负债视为看跌期权,而把公司资产(股票加债务)作为标的资产。该模型认为企业信用风险主要决定于企业资产市场价值、波动率以及负债账面价值。当企业资产未来市场价值低于企业所需清偿的负债面值时,企业将会违约。企业资产未来市场价值的期望值到违约点之间的距离就是违约距离 DD(Distance to Default),它以资产市场价值标准差的倍数表示,距离越远,公司发生违约的可能性越小;反之,公司发生违约的可能性越大。基于公司违约数据库,模型可依据公司的违约距离得出一个期望违约频率,这个期望违约频率就是公司未来某一时期的违约概率。

由于历史违约数据的积累工作滞后,确定违约距离和实际违约频率之间的映射仍然无法实现,而直接计算出来的理论违约率的结果说服力偏离很大。因此,本文将直接应用违约距离来比较上市公司的相对违约风险大小。

首先,利用 Black - Scholes 期权定价公式,根据企业资产的市场价值、资产价值的波动性、到期时间、无风险借贷利率及负债的账面价值估计出企业股权的市场价值及其波动性。其次根据公司的负债计算出公司的违约实施点 DEP(Default Exercise Point,为企业一年以下短期债务的价值加上未清偿长期债务账面价值的一半,具体可以根据需要设定),计算借款人的违约距离。最后,根据企业的违约距离与预期违约率(EDF)之间的对应关系,求出企业的预期违约率。具体的理论推导本小节不再重复论述。

假设,KMV 模型方程组中的两个未知变量 V_a 和 σ_a,可从以下联立方程组中求出。

$$
\left.
\begin{aligned}
E &= V_a N(d_1) - De^{-r\tau} N(d_2) \\
d_1 &= \frac{\ln(V_a/D) + (r + 0.5\sigma_a^2)\tau}{\sigma_a \sqrt{\tau}} \\
d_2 &= d_1 - \sigma_a \sqrt{\tau} \\
\sigma_E &= \frac{N(d_1) V_a \sigma_a}{E}
\end{aligned}
\right\}
\tag{6.1}
$$

其中,E 为公司的股权价值;D 为公司负债的市场价值;V_a 为公司资产的市场价值;τ 为债务期限,一般设为一年;σ_a 为公司资产价值的波动率;r 为无风险利率;σ_E 为公司股权价值的波动率。

假设公司资产价值服从对数正态分布,那么可以通过 KMV 方程租计算出上市公司的违约距离。

$$
DD = \frac{E(V_a) - DP}{E(V_a) \times \sigma_a}
\tag{6.2}
$$

其中,$E(V_a)$ 为公司资产未来价值的期望值。DP 为违约点,DP = SD + 0.5 × LD,即为企业一

年以下短期债务的价值加上未清偿长期债务账面价值的一半。

相应的违约概率为 $P_t = N(-DD)$，$N(g)$ 为标准正态分布函数。

6.2.3　KMV 模型计算程序

例 6.2　某公司流动负债为 1 亿元，长期负债为 5 000 万元，根据上市公司的股价行情表（见表 6.1）可以统计计算出 E（为公司的股权价值）与 σ_E（为公司股权价值的波动率），计算公司的违约率。

表 6.1　公司股权价值与收益率表

月　份	总市值/元	收益率/%	月　份	总市值/元	收益率/%
1	129 523 558	−13.65	8	140 972 464	3.31
2	149 885 462	13.58	9	148 405 095	5.01
3	142 316 387	−5.32	10	144 898 861	−2.42
4	149 440 912	4.77	11	144 904 609	0.00
5	147 924 524	−1.03	12	130 292 794	−11.21
6	130 439 432	−13.40	均值	141 276 427	—
7	136 313 024	4.31	标准差		8.35

步骤 1：基本参数计算。

公司股价波动率为 8.35 %，公司股权价值的波动率 $\sigma_E = \sigma\sqrt{12} = 0.289\,3$。

公司的股权价值 $E = 141\,276\,427$ 元。

KMV 模型违约点 DP = SD + 0.5 × LD = 1.25 亿元。

步骤 2：使用数值技术优化方程组。

利用 fsolve 函数求解 KMV 方程组，fsolve 是 MATLAB 最主要内置的求解方程组的函数，fsolve 的具体使用方法可以参看附录 B。

KMV 模型方程组中的两个未知变量 V_a 和 σ_a 可由式 6.1 联立方程组求出。

由于两个未知变量 V_a 和 σ_a 数量级相差巨大，V_a 数量级为亿、千万，而 σ_a 取值范围一般为 $[0,10]$，fsolve 函数使用迭代方法进行方程组计算，为准确求解方程组必须将 V_a 根据负债 D 进行标准化，引入参数 EtD 为 E/D，便于 fsolve 函数迭代求解。

将 $V_a = x \cdot E$ 代入 KMV 方程组，KMV 方程组变为

$$\begin{cases} E = xEN(d_1) - De^{-r\tau}N(d_2) \\ \sigma_E = xN(d_1)\sigma_a \\ d_1 = \dfrac{\ln(xE/D) + (r + 0.5\sigma_a^2)\tau}{\sigma_a\sqrt{\tau}} \\ d_2 = d_1 - \sigma_a\sqrt{\tau} \end{cases}$$

引入参数 EtD，上式简化为

若您对此书内容有任何疑问，可以凭在线交流卡登录 MATLAB 中文论坛与作者交流。

$$\begin{cases} 1 = xN(d_1) - e^{-r\tau}N(d_2)/\text{EtD} \\ \sigma_E = xN(d_1)\sigma_a \\ d_1 = \dfrac{\ln(x\text{EtD}) + (r + 0.5\sigma_a^2)\tau}{\sigma_a\sqrt{\tau}} \\ d_2 = d_1 - \sigma_a\sqrt{\tau} \end{cases}$$

计算出 x 和 σ_a，根据 $V_a = x \cdot E$ 可以计算出公司资产的市场价值。

KMV 方程组计算函数的 M 文件为 KMVfun. m。函数语法如下：

F＝KMVfun(EtoD,r,T,EquityTheta,x)

输入参数：

➤ EtoD：E/D，为公司的股权价值比公司负债的市场价值；

➤ r：无风险利率；

➤ T：预测周期；

➤ EquityTheta：公司的股权价值的波动率；

➤ x：公司资产的市场价值 $V_a = x \cdot E$ 的比例系数。

输出参数：

➤ F：方程组的函数值。

程序代码如下：

```
function F = KMVfun(EtoD,r,T,EquityTheta,x)
% KMVfun
% code by ariszheng@gmail.com 2009 - 8 - 3
d1 = ( log(x(1) * EtoD) + (r + 0.5 * x(2)^2) * T ) / ( x(2) * sqrt(T));
d2 = d1 - x(2) * sqrt(T);
F = [ x(1) * normcdf(d1) - exp( - r * T) * normcdf(d2)/EtoD - 1;
normcdf(d1) * x(1) * x(2) - EquityTheta];
```

KMV 方程组求解函数的 M 文件为 KMVOptSearch. m。函数语法如下：

[Va,AssetTheta]＝KMVOptSearch(E,D,r,T,EquityTheta)

输入参数：

➤ E：公司的股权价值；

➤ D：公司负债的市场价值；

➤ r：无风险利率；

➤ T：预测周期；

➤ EquityTheta：公司的股权价值波动率。

输出参数：

➤ Va：公司资产的市场价值；

➤ AssetTheta：公司资产价值的波动率。

程序代码如下：

```
function [Va,AssetTheta] = KMVOptSearch(E,D,r,T,EquityTheta)
% KMVOptSearch
% code by ariszheng@gmail.com
```

```
EtoD = E/D;
x0 = [1,1]; % 搜索初始点
VaThetaX = fsolve(@(x) KMVfun(EtoD,r,T,EquityTheta,x), x0);
Va = VaThetaX(1) * E;
AssetTheta = VaThetaX(2);
% x = [1636234261/E,0.0688];
% F = KMVfun(EtoD,r,T,EquityTheta,x)
```

步骤 3：程序测试计算。

程序测试计算的 M 文件为 KMVcompute.m。

公司的股权价值 $E=141\,276\,427$ 元；

公司负债的市场价值 $D=\mathrm{DP}=\mathrm{SD}+0.5\mathrm{LD}=125\,000\,000$ 元；

无风险利率 $r=2.2\%$；

预测周期 $T=1$ 年；

公司的股权价值波动率 EquityTheta $=0.289\,3$。

程序代码如下：

```
% test KMV
% r: risk - free rate
r = 0.0225;
  % T: Time to expiration
T = 1; % 输入月数
  % DP: Defaut point
  % SD: short debt,  LD: long debt
SD = 1e8; % 输入
LD = 50000000; % 输入
  % 计算违约点
DP = SD + 0.5 * LD;
  % D: Debt maket value
D = DP; % 债务的市场价值,可以修改
  % theta: volatility
  % PriceTheta:  volatility of stock price
PriceTheta = 0.2893; % (输入)
  % EquityTheta: volatility of Theta value
EquityTheta = PriceTheta * sqrt(12);
  % AssetTheta: volatility of asset
  % E: Equit maket value
E = 141276427;
  % Va: Value of asset
  % to compute the Va and AssetTheta
[Va,AssetTheta] = KMVOptSearch(E,D,r,T,EquityTheta)
  % 计算违约距离
DD = (Va - DP)/(Va * AssetTheta)
  % 计算违约率
EDF = normcdf( - DD)
```

计算结果如下：

```
Optimization terminated: first - order optimality is less than options. TolFun.
Va = 2.5888e + 008
AssetTheta = 0.5797
DD = 0.8922
EDF = 0.1861
```

公司资产的市场价值为 2.588 8 e＋008 元；公司资产价值的波动率为 0.579 7（即 57.97 ％）；公司负债违约距离为 0.892 2；公司违约概率为 18.16 ％（违约概率比较高）。

点睛：优化算法的迭代计算结果与迭代初始点相关性较大，尤其在求解多元优化问题时，若变量的数量级相差巨大，常常会使得迭代计算过程出现异常，导致计算结果有误，因此，在使用含有循环迭代计算的函数时需要对模型中不同数量级的变量进行标准化。

注：fsolve 函数主要使用迭代优化算法计算。

6.3　移动平均 Hurst 指数计算

6.3.1　Hurst 指数简介

基于重标极差（R/S）分析方法的 Hurst 指数（H）研究是由英国水文专家 H. E. Hurst（1900—1978）在研究尼罗河水库水流量和贮存能力的关系时，发现用有偏的随机游走（分形布朗运动）能够更好地描述水库的长期贮存能力，并在此基础上提出了用重标极差（R/S）分析方法来建立 Hurst 指数，作为判断时间序列数据遵从随机游走还是有偏的随机游走过程的指标。

Hurst 指数有三种形式：

① 如果 $H=0.5$，表明时间序列可以用随机游走来描述；

② 如果 $0.5<H\leq1$，表明黑噪声（持续性），即暗示长期记忆的时间序列；

③ 如果 $0\leq H<0.5$，表明粉红噪声（反持续性），即均值回复过程。

也就是说，只要 $H\neq0.5$，就可以用有偏的布朗运动（分形布朗运动）来描述该时间序列数据。

Mandelbrot 在 1972 年首次将 R/S 分析应用于美国证券市场，分析股票收益的变化，Peters 把这种方法作为其分形市场假说最重要的研究工具进行了详细的讨论和发展，并做了很多实证研究。经典的金融理论一般认为股票市场是有效的，已有的信息已经充分在股价上得到了反映，无法帮助预测未来走势，下一时刻的变动独立于历史价格变动。因此股市变化没有记忆。实际上中国股市并非完全有效，在一定程度上表现出长期记忆性（long termMemory）。中国股市的牛熊交替，伴随着对股市趋势记忆的加强和减弱的轮换，分形理论中的重标极差法导出的 Hurst 指数可以反映股市的长期记忆性的强弱。用移动时间区间的 Hurst 指数来对照股指的变化，可以分析 Hurst 指数的高低与市场指数走势的关系。Hurst 指数预测股票市值走势的三种形式如下：

① 如果 $H=0.5$，表明时间序列可以用随机游走来描述，即股市未来方向（上涨、或者下跌）无法确定，市场处于振荡行情中。

② 如果 $0.5 < H \leqslant 1$，表明黑噪声（持续性），即暗示长期记忆的时间序列，股市将保持原有方向。若时间周期序列长度为 120，当最近半年市场上涨（横盘、下跌）时，则市场很可能将继续上涨（横盘、下跌），H 值越大，市场保持原有趋势的惯性越大。

③ 如果 $0 \leqslant H < 0.5$，表明粉红噪声（反持续性），即均值回复过程，股市将改变原有方向。若时间周期序列长度为 120，当最近半年市场上涨（横盘、下跌）时，则市场很可能将继续下跌或者横盘（上涨、下跌），H 值越小市场改变原有趋势的可能性越大。

6.3.2　R/S 方法计算 Hurst 指数

R/S 分析方法的基本内容是：对于一个时间序列 $\{x_t\}$，把它分为 A 个长度为 n 的等长子区间，对于每一个子区间，比如第 a 个子区间（$a = 1, 2, \cdots, A$），若时间序列长度为 240，$A = [4, 6, \cdots]$，$n = [60, 40, \cdots]$。假设：

$$X_{t,a} = \sum_{u=1}^{t} (x_{u,a} - M_a), \qquad t = 1, 2, \cdots, n$$

其中，M_a 为第 a 个区间内 $x_{u,a}$ 的平均值。$X_{t,a}$ 为第 a 个区间内第 t 个元素的累计离差，令极差

$$R_a = \max(X_{t,a}) - \min(X_{t,a})$$

若以 S_a 表示第 a 个区间的样本标准差，则可定义重标极差 R_a/S_a，把所有 A 个这样的重标极差平均计算得到均值：

$$(R/S)_n = \frac{1}{A} \sum_{a=1}^{A} R_a/S_a$$

而子区间长度 n 是可变的，不同的分段情况对应这不同的 $(R/S)_n$，Hurst 通过对尼罗河水文数据长时间的实践总结，建立了如下关系：

$$(R/S)_n = Kn^H$$

其中，K 为常数，H 为相应的 Hurst 指数。将上式两边取对数得到

$$\log((R/S)_n) = \log(K) + H\log(n)$$

对 $\log(n)$ 和 $\log((R/S)_n)$ 进行最小二乘法回归分析便可以计算出 H 的近似值。

6.3.3　移动平均 Hurst 指数计算程序

步骤 1：时间序列分段。

子区间长度 n 是可变的，如果进行回归分析需要将时间序列进行分段，例如若时间序列长度为 240，则其可以分解成 4 段长度为 60 的等长子区间，或者 6 段长度为 40 的等长子区间……

时间序列分段函数（除因子 2 外，例如 240 分为 2 与 120 或者 120 与 2，因数据段数太少或者子区间长度太短将影响回归效果）语法如下：

[FactorMatrix, FactorNum] = HurstFactorization(x)

输入参数：

➤ x：时间序列长度。

输出参数：

➤ FactorMatrix：时间序列分段方案；

➤ FactorNum：时间序列分段方案数量。

若您对此书内容有任何疑问，可以凭在线交流卡登录MATLAB中文论坛与作者交流。

M 文件 HurstFactorization. m 的代码如下：

```
function [FactorMatrix,FactorNum] = HurstFactorization(x)
% hurstFactorization
% code by ariszheng@gmail.com
% 2008 - 10 - 07
N = floor(x/4);
FactorNum = 0;
for i = 4:N
    if mod(x,i) == 0
        FactorNum = FactorNum + 1;
        FactorMatrix(FactorNum,:) = [i,x/i];
    end
end
```

函数测试时间序列长度为 240，共有 14 个分段方案，运行结果如下：

```
>> [FactorMatrix,FactorNum] = HurstFactorization(x)
FactorMatrix =
        4    60
        5    48
        6    40
        8    30
       10    24
       12    20
       15    16
       16    15
       20    12
       24    10
       30     8
       40     6
       48     5
       60     4
FactorNum =
14
```

步骤 2：Hurst 指数计算。

时间序列 Hurst 指数计算函数语法如下：

HurstExponent＝HurstCompute(Xtimes)

输入参数：

➤ Xtimes：时间序列数据。

输出参数：

➤ HurstExponent：二元向量，第一元素为时间序列的 Hurst 指数，第二元素为回归分析常数项。

注：回归模型 $\log((R/S)_n) = \log(K) + H\log(n)$

M 文件 HurstCompute. m 的代码如下：

```
function HurstExponent = HurstCompute(Xtimes)
% HurstCompute
% code by ariszheng@gmail.com
% 2008 - 10 - 07
% example HurstExponent = HurstCompute(rand(1,240))
LengthX = length(Xtimes);
[FactorMatrix,FactorNum] = HurstFactorization(LengthX);
LogRS = zeros(FactorNum,1);
LogN = zeros(FactorNum,1);
for i = 1:FactorNum
    dataM = reshape(Xtimes,FactorMatrix(i,:));
    MeanM = mean(dataM);
    SubM = dataM - repmat( MeanM,FactorMatrix(i,1),1);
    RVector = zeros(FactorMatrix(i,2),1);
    SVector = zeros(FactorMatrix(i,2),1);
    for j = 1:FactorMatrix(i,2)
        % SubVector = zeros(FactorMatrix(i,1),1);
        SubVector = cumsum( SubM(:,j));
        RVector(j) = max(SubVector) - min(SubVector);
        SVector(j) = std( dataM(:,j) );
    end
    LogRS(i) = log( sum( RVector./SVector)/ FactorMatrix(i,2) );
    LogN(i) = log( FactorMatrix(i,1) );
end
HurstExponent = polyfit(LogN,LogRS,1);
```

函数测试的 M 文件为 test HurstCompute. M。测试生成一组布朗运动序列,计算布朗运动序列对数序列的 Hurst 指数,共测 10 次。代码如下:

```
% test HurstCompute
testNum = 10;
result = zeros(testNum,2);
for i = 1:testNum
    n = 120 * i;
    dt = 1;
    y = cumsum(dt^0.5. * randn(1,n)); % standard Brownian motion
    result(i,:) = HurstCompute(log(y));
end
plot(1:testNum,result(:,1),'*')
```

测试结果图如图 6.2 所示。

注: 图 6.2 横轴表示 1 到 10 共 10 次计算测试,纵轴表示每次测试计算出的 Hurst 函数值。

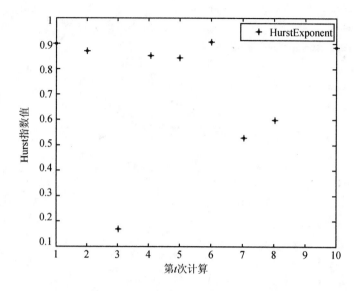

图 6.2　Hurst 指数计算测试结果图

步骤 3：移动平均 Hurst 指数计算。

例 6.3　计算 1991 - 9 - 9 至 2008 - 10 - 8 上证综指时间序列数据，计算其给定移动平均长度的 Hurst 指数。为了使得计算操作简易化，使用 MATLAB 的 GUI 方法编写用户使用界面，界面如图 6.3 所示。

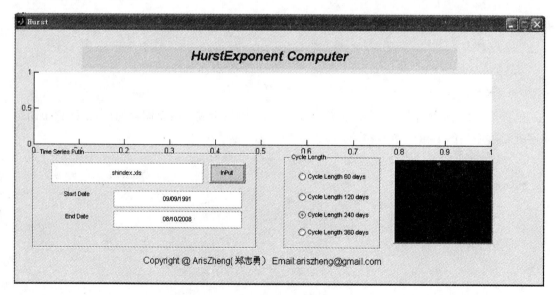

图 6.3　Hurst 指数计算 GUI 界面

使用方法将时间序列放在 Excel 文件中，如附带文件 shindex.xls 的格式，时间序列使用"1991 - 9 - 9"格式，数据使用数值格式"189.24"，如图 6.4 所示。注意：Excel 文件中数据无需标题行，请不要在文件中出现汉字，MATLAB 在读取时可能不识别汉字。

选择移动平均长度为 240，计算出的移动平均 Hurst 指数结果如图 6.5 所示。

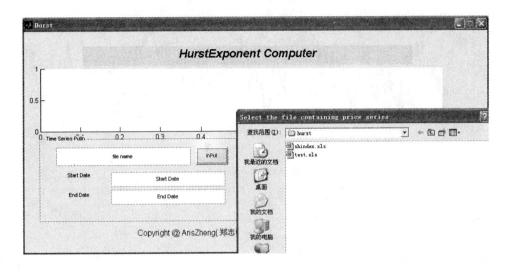

图 6.4　Hurst 指数计算使用方法

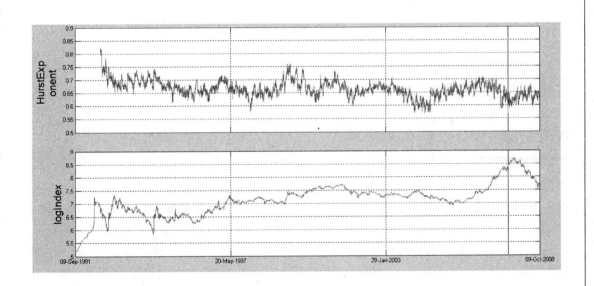

图 6.5　Hurst 指数计算结果

　　结果说明：如图 6.5 所示，在市场早期，1991—1995 年上证综指快速上涨，Hurst 指数保持在 0.78 左右高位；在 2007 年 10 月市场反转时刻，Hurst 指数基本保持在 0.6 历史低位水平。以上仅从图像比较分析，关于 Hurst 指数预测正确率的问题不再详细介绍。为大家更直观理解 Hurst 指数，下面截取了券商研究报告中的图像，仅供参考，如图 6.6 所示。

　　注：相关文件在附带程序文件的 \chapter6\hurst 目录下有相关 GUI 程序提供。由于 GUI 实现涉及 MATLAB 的 GUI 编程以及 MATLAB 读取 Excel 文件数据的函数使用方法，这里不再详细讲解。如有兴趣请参考相关 MATLAB GUI 编程书籍。

93

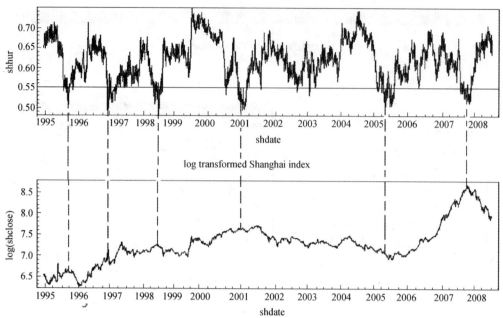

图 6.6　Hurst 指数与上证综指关系图

6.4　基于遗传算法的积极指数化技术

6.4.1　积极指数化投资介绍

指数基金(Index Fund),是以指数成分股为投资对象的基金,即通过购买一部分或全部的某指数所包含的股票,来构建指数基金的投资组合,目的就是使这个投资组合的变动趋势与该指数相一致,以取得与指数大致相同的收益率。1976 年,美国先锋基金管理公司(Vanguard Fund Co.)推出了世界上第一只真正意义上的指数基金——追踪标准普尔 500 指数的 Vanguard 500 指数基金,从此指数化投资开始正式登上金融舞台。复制指数的方法有两大类:即完全复制(full replicate)和优化复制(optimized replicate)。完全复制就是购买标的指数中的所有成分证券,并且按照每种成分证券在标的指数中的权重确定购买的比例,以构建指数组合从而达到复制指数的目的。以标准普尔 500 指数为例,按市值比重购入全部 500 种成分股就可以完全复制指数。当然,实际情况要复杂得多,因为指数是一个"纸面上的组合"(paper portfolio),每种成分证券在标的指数中的权重时时刻刻在发生变化,以某一时刻的相对权重值来确定组合的结构显然不能保证组合的走势与指数完全一致,因此实务中即便是完全复制也要根据追踪误差的偏离状况对组合进行动态调整。不过,相对于其他复制方法来讲,这种方法的思想还是比较简单明了,而且构建的指数组合与标的指数之间保持高度的一致,较好地继承了标的指数所具有的代表性和投资的分散性,较容易获得比较小的追踪误差(tracking error)。然而这种方法也有很多不足,比如完全复制指数,特别是成分股较多的指数,比如威尔希尔 5000 全市场指数(Wilshire 5000 Total Market Index)等,所需资金量巨大。一般的投资者根本无此实力来完全复制指数,而且完全复制指数的指数组合通常规模巨大,如果市场容量较小,市场深度不足,短时间内买入或抛出整个指数组合必然会对市场造成很大的冲击,使得构建指数组合以及随后的组合调整所承受的冲击成本(impact cost)较高。此外完全复制指数还可能面临很大的流动性风险,以及可能导致较高的调整频率和追踪成本。

因此,考虑在最少的追踪误差范围内如何用少量的成分证券(少量资产)来实现对整个标的指数的优化复制(optimized replication)问题就显得尤为重要。所谓优化复制,指的是根据预先设定的标准选择部分成分证券并对其在组合中的相对权重进行优化再配置,从而使得构建出来的指数组合的追踪成本及其与标的指数之间的追踪误差控制在可以接受的范围之内。优化复制的方法又可以进一步细分为分层抽样(stratified sampling)和优化抽样(optimized sampling)两种。前者是两阶段优化法,即第一阶段是抽样,第二阶段则是权重的优化再配置,使得组合的表现与标的指数相一致,同时保证较小的调整频率和追踪成本。与之不同,优化抽样属于单阶段优化法,即把抽样和权重优化再配置同时进行。不过无论是哪种方法都要用到最优化算法模型来进行求解,这是进行权重优化再配置的必经步骤。目前国外所用的最优化算法模型包括二次规划(quadric programming)、线性规划(lineal programming)、鲁棒回归(robust regression)、蒙特卡洛模拟(Monte Carlo simulation)、遗传算法(genetic algorithm)、启发式算法(heuristic algorithm)等多种方法,从而对指数组合进行优化求解。此外,研究者还尝试使用其他一些更复杂的方法来进行建模和求解,如随机控制(stochastic control)和随机规划(stochastic programming)等,这些最优化方法的应用使得指数追踪的效果得到了更好的改进。

6.4.2 积极指数化技术数学模型

积极指数化(或者称作优化复制)可以进一步细分为分层抽样和优化抽样两种,无论是哪种方法,都要在权重的优化配置阶段用到最优化算法模型来进行求解。本节主要使用遗传算法(genetic algorithm)权重的优化配置技术。

进行指数投资组合管理涉及很多细节问题,如成分股分红、成分股送股、成分股配股、成分股停盘或者指数成分股调整等,都会造成跟踪误差扩大。

积极指数化技术数学模型为

$$\text{Min} \quad \text{TE}(x) = \sqrt{\sum_{t=1}^{L} (r_{\text{port}}^t - r_{\text{index}}^t)^2}$$

$$\text{s. t.} \begin{cases} r_{\text{port}}^t = \dfrac{p_{\text{port}}^t - p_{\text{port}}^{t-1}}{p_{\text{port}}^{t-1}} \\[2mm] r_{\text{index}}^t = \dfrac{p_{\text{index}}^t - p_{\text{index}}^{t-1}}{p_{\text{index}}^{t-1}} \\[2mm] p_{\text{port}}^t = \sum_{i=1}^{N} v_i p_i^t \\[2mm] v_i = \dfrac{m \cdot x_i}{p_i^0} \\[2mm] \sum_{i=1}^{N} x_i = 1 \\[2mm] x_i \geqslant 0, (i = 1, 2, \cdots, N) \end{cases}$$

其中，$TE(x)$：组合跟踪误差；r_{port}^t：第 t 日组合收益率；r_{index}^t：第 t 日指数收益率；v_i：组合中股票 i 的数量；p_i^t：组合中股票 i 第 t 日的价格；x_i：组合中股票 i 的初始权重；m：组合初始投资规模。

为了优化目标的跟踪误差最小，这里使用标准差定义跟踪误差。本节使用遗传算法（genetic algorithm）优化计算指数化组合权重。MATLAB 遗传算法工具箱请参考附录 C。

6.4.3 基于遗传算法的积极指数化技术

例 6.4 假设以已经选定好的 10 只股票跟踪沪深 300 指数，选择 2009 - 1 - 1 至 2009 - 6 - 30 为跟踪区间段。如何在 2009 - 1 - 1 优化配置这 10 只股票的权重构建积极指数化组合，使其在半年的时间内与沪深 300 跟踪误差最小。

股票选择为：苏宁电器、上港集团、宝钢股份、中国石化、中信证券、招商银行、中国联通、上海汽车、贵州茅台、中国平安。为简易处理，从 wind 直接提取其向前复权价格。例如，假设某股票 2009 年 1 月 1 日价格为 14 元，4 月 1 日进行 10 股送 3 股，2009 年 6 月 30 日股票价格为 15 元，使用向前复权，该股票 2009 年 1 月 1 日复权价格为 14 元/1.3 为 10.77 元，该股票半年投资收益率为（15 元－10.77 元）/10.77 元＝39.28 ％。

步骤 1：建立目标函数。

$$\text{Min} \quad TE(x) = \sqrt{\sum_{t=1}^{L} (r_{port}^t - r_{index}^t)^2}$$

$$TE(x) = \sqrt{\sum_{t=1}^{L} \left(\frac{p_{port}^t - p_{port}^{t-1}}{p_{port}^{t-1}} - \frac{p_{index}^t - p_{index}^{t-1}}{p_{index}^{t-1}} \right)^2}$$

其中，$p_{port}^t = \sum_{i=1}^{N} \dfrac{m \cdot x_i}{p_i^0} p_i^t$。

$$\text{s.t.} \begin{cases} \sum_{i}^{N} x_i = 1 \\ x_i \geq 0, \quad i = 1, 2, \cdots, N \end{cases}$$

目标函数程序的 M 文件为 TEobj.m，函数语法如下：

f＝TEobj(x, IndexPrice, StockPrice, Money)

输入参数：

➤ x：初始投资权重；

➤ IndexPrice：指数价格时间序列；

➤ StockPrice：成分股时间序列；

➤ Money：投资总额。

输出参数：

➤ f：年化跟踪误差。

程序代码如下：

```
function f = TEobj(x,IndexPrice,StockPrice,Money)
% tracking error function
% code by ariszheng@gmail.com 2009 - 8 - 4
```

```
StockV = zeros(1,10);
L = length(IndexPrice);
PortPrice = zeros(1,L);
StockV = Money * x. /StockPrice(1,:);
for i = 1:L
    PortPrice(i) = sum(StockV. * StockPrice(i,:));
end
IndexReturn = price2ret(IndexPrice);
PortReturn = price2ret(PortPrice);
% 年化跟踪误差假设每年 240 个交易日
f = std(IndexReturn - PortReturn) * sqrt(240);
```

程序测试：

十只股票各投 10 ％,x＝[0.1,0.1,…,0.1]

IndexPrice：指数价格时间序列；StockPrice：成分股时间序列,在 stockdata. xlsx 文件中；
Money：投资总额,单位为亿元。

```
>> f = TEobj(0.1 * ones(1,10),IndexPrice,StockPrice,1e8)
f =
0.0966
```

年化跟踪误差为 9.66 ％。

步骤 2：目标函数优化计算。

设遗传算法迭代次数为 50,种群规模为 100,初始投资规模为 1 亿元。

M 文件 MinTE. m 的代码如下：

```
% [x,fval,exitflag,output,population,score] = MinTE(nvars,Aeq,beq)
% MinTE
% code by ariszheng@gmail.com 2009 - 8 - 6
%%
options = gaoptimset;
% Modify options setting
options = gaoptimset(options,'Display', 'iter');
% 'off'为不显示迭代过程,'iter'为显示迭代过程
options = gaoptimset(options,'Generations', 50);
% 迭代次数 50
options = gaoptimset(options,'PopulationSize', 100)
% 种群规模 100
options = gaoptimset(options,'PlotFcns', { @gaplotbestf @gaplotbestindiv });
%%
% x1 + x2 + ⋯ + x10 = 1
Aeq = ones(1,10);
beq = 1.0;
% x1 + x2 + ⋯ + x10 >= 0
lb = zeros(1,10);
% IndexPrice,StockPrice
```

若您对此书内容有任何疑问，可以凭在线交流卡登录MATLAB中文论坛与作者交流。

```
load stockdata;
% 初始投资资金 1 亿元
Money = 1e8;
nvars = 10;
[x,fval,exitflag,output,population,score] = ...
ga(@(x) TEobj(x,IndexPrice,StockPrice,Money),nvars,[],[],Aeq,beq,lb,[],[],options)
```

计算结果如下：

Generation	f-count	Best f(x)	Mean f(x)	Stall Generations
1	200	0.09318	0.1132	0
2	300	0.09314	0.1049	0
3	400	0.09246	0.09889	0
4	500	0.09186	0.0957	0
5	600	0.09186	0.09404	1
6	700	0.09186	0.09307	2
7	800	0.09175	0.09265	0
8	900	0.09148	0.09226	0
9	1000	0.09148	0.09209	1
10	1100	0.09148	0.09184	2
11	1200	0.09143	0.0917	0
12	1300	0.09143	0.09162	1
13	1400	0.0914	0.09156	0
14	1500	0.0914	0.09152	1
15	1600	0.09136	0.09149	0
......	......	......		
46	4700	0.0904	0.0904	1
47	4800	0.0904	0.0904	0
48	4900	0.09039	0.0904	0
49	5000	0.09039	0.0904	1
50	5100	0.09039	0.0904	2

```
Optimization terminated: maximum number of generations exceeded.
x =
  Columns 1 through 9
    0.0333   0.0632   0.1278   0.0974   0.1340   0.1099   0.0580   0.0870   0.1535
  Column 10
    0.1368
fval =
    0.0904
exitflag =
     0
output =
    problemtype: 'linearconstraints'
       rngstate: [1x1 struct]
    generations: 50
      funccount: 5100
        message: 'Optimization terminated: maximum number of generations exceeded.'
    maxconstraint: 0
```

计算结果图如图 6.7 所示。

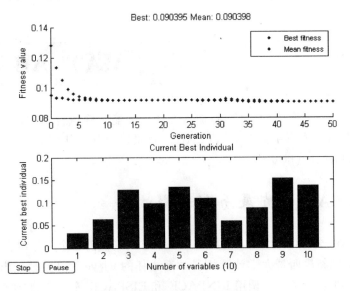

图 6.7　遗传算法计算结果图

计算得到最优解为[0.033 3　0.063 2　0.127 8　0.097 4　0.134 0　0.109 9　0.058 0　0.087 0　0.153 5　0.136 8]，年化跟踪误差为 9.05 %。

苏宁电器、上港集团、宝钢股份、中国石化、中信证券、招商银行、中国联通、上海汽车、贵州茅台、中国平安投资比例分别为 3.33 %，6.32 %，12.78 %，9.74 %，13.40 %，10.99 %，5.80 %，8.70 %，15.35 %，13.68 %。

点睛： 遗传算法(genetic algorithm)计算结果的质量好坏与算法参数最大迭代次数与计算种群规模有密切关系。一般而言，迭代次数越多，种群规模越大计算得到的结果越好。

若您对此书内容有任何疑问，可以凭在线交流卡登录 MATLAB 中文论坛与作者交流。

附录 A

MATLAB 基本介绍

对于计算机语言,只有正确、合理地输入编译器才能正确执行函数,并输出想要的结果,MATLAB 也不例外。本章主要对 MATLAB 的背景以及基本使用方法作简单介绍,以便读者迅速掌握 MATLAB 基础知识。

A.1 MATLAB 的发展历程和影响

MATLAB 这一名称由 MATrix 和 LABoratory 两词的前三个字母组合而成。20 世纪 70 年代后期,时任美国新墨西哥大学计算机科学系主任的 Cleve Moler 教授出于减轻学生编程负担的动机,为学生设计了一组调用 LINPACK 和 EISPACK 库程序的"通俗易用"的接口,此即用 FORTRAN 编写的萌芽状态的 MATLAB。经过几年的校际流传,在 Little 的推动下,由 Little、Moler、Steve Bangert 合作,于 1984 年成立了 MathWorks 公司,并把 MATLAB 正式推向市场。从这时起,MATLAB 的内核采用 C 语言编写,而且除原有的数值计算能力外,还新增了数据图视功能。MATLAB 以商品形式出现后的短短几年,就以其良好的开放性和运行的可靠性,使原先控制领域里的封闭式软件包纷纷淘汰,而改在 MATLAB 平台上重建。到 20 世纪 90 年代,MATLAB 已经成为国际控制界公认的标准计算软件。20 世纪 90 年代初期,在国际上三十几个数学类科技应用软件中,MATLAB 在数值计算方面独占鳌头,而 Mathematica 和 Maple 则分居符号计算软件的前两名。Mathcad 因其提供计算、图形、文字处理的统一环境而深受中学生欢迎。

MathWorks 公司于 1993 年推出了基于 Windows 平台的 MATLAB 4.0。4.x 版在继承和发展其原有的数值计算和图形可视能力的同时,出现了以下几个重要变化:

① 推出了 SIMULINK,一个交互式操作的动态系统建模、仿真、分析集成环境。

② 推出了符号计算工具包。一个以 Maple 为"引擎"的 Symbolic Math Toolbox 1.0。此举结束了国际上数值计算、符号计算孰优孰劣的长期争论,促成了两种计算的互补发展新时代。

③ 构造了 Notebook。MathWorks 公司瞄准应用范围最广的 Word,运用 DDE 和 OLE,实现了 MATLAB 与 Word 的无缝连接,从而为专业科技工作者创造了融科学计算、图形可视、文字处理于一体的高水准环境。

从 1997 年春的 5.0 版起,历经 5.1,5.2,5.3,6.0,6.1 等多个版本的不断改进,MATLAB "面向对象"的特点愈加突出,数据类型愈加丰富,操作界面愈加友善。2002 年初夏所推 6.5 版的最大特点是:采用了 JIT 加速器,从而使 MATLAB 朝运算速度与 C 程序相比肩的方向前进了一大步。从 2006 年开始,MathWorks 公司宣布每年更新两次版本,现在已经有了 MATLAB2006a、MATLAB2006b、MATLAB2007a、MATLAB2007b~MATLAB2009a 等。

本章不再对具体的 MATLAB 基本语法进行介绍,只对 MATLAB 的常用知识点进行提

示性介绍。本章中的所有程序都经 MATLAB2008a 测试计算。

A.2　基本操作

A.2.1　操作界面

一般情况下,MATLAB 的初始界面主要由 4 部分组成(如图 A.1 所示):

➤ Command Window:命令行界面。其主要功能为数值计算、函数参数设定、函数调用及其结果输出。

➤ Command History:历史命令界面。其主要功能为显示 Command Window 曾输入的历史命令。

➤ Current Directory:当前工作目录。其主要功能为显示当前工作目录下的文件。

➤ Workspace:工作空间。其主要功能为显示与计算相关的变量名称及其数值。

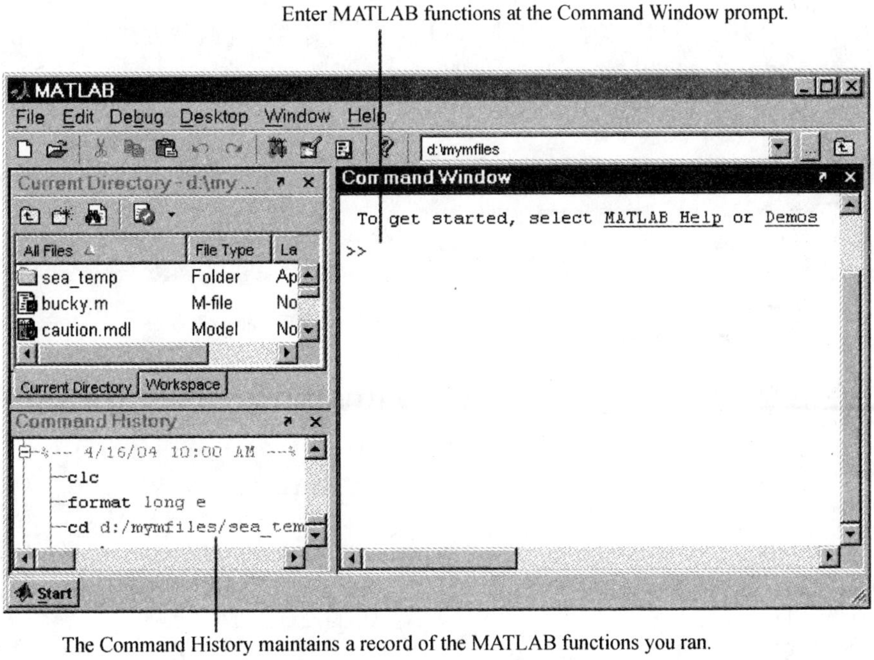

Enter MATLAB functions at the Command Window prompt.

The Command History maintains a record of the MATLAB functions you ran.

图 A.1　MATLAB 界面

A.2.2　Help 帮助

MATLAB 语法与函数众多,必须熟练掌握 MATLAB Help 帮助,以便在使用时可以根据需要查询 MATLAB 帮助文档。

如果知道该使用哪个函数,但不知道具体的函数语法,可以在 Command Window 中输入"help　函数名"来查看函数说明文档。

例如:输入 help rand,结果输出如下:

若您对此书内容有任何疑问,可以凭在线交流卡登录MATLAB中文论坛与作者交流。

```
RAND   Uniformly distributed pseudo - random numbers.
    R = RAND(N) returns an N - by - N matrix containing pseudo - random values
    drawn from a uniform distribution on the unit interval. RAND(M,N)
    or RAND([M,N]) returns an M - by - N matrix. RAND(M,N,P,...) or
    RAND([M,N,P,...]) returns an M - by - N - by - P - by - ... array. RAND with
    no arguments returns a scalar. RAND(SIZE(A)) returns an array the
    same size as A.
    ... ... ...
    For a full description of the Mersenne Twister algorithm, see
    http://www.math.sci.hiroshima - u.ac.jp/~m-mat/MT/emt.html.
```

点睛：在 Help 帮助文档中你可看见如下内容：

① 相关的函数功能；

② 函数的使用方法，输入参数与输出函数；

③ 函数的使用示例，以举例方法演示函数的使用；

④ 函数使用的算法说明，比如算法来源是哪篇论文等。

如果对于某类问题，不知道如何运用 MATLAB 计算求解，有两种方法：购买相关书籍资料或者直接查看 MATLAB 相关 Toolbox 说明。

图 A.2 是关于 FinancialToolbox 的介绍。

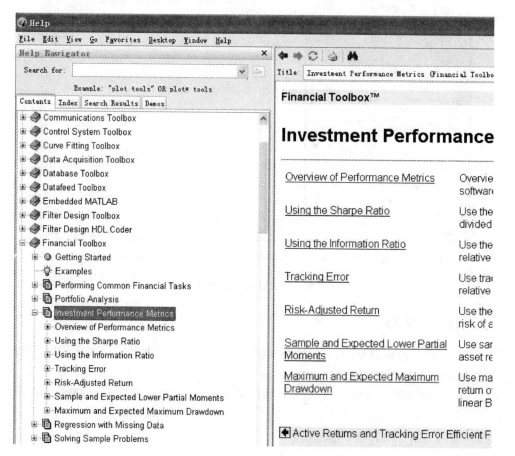

图 A.2　MATLAB 帮助文档

左栏中 FinancialToolbox 的功能如下：

① 投资组合分析；

② 投资组合绩效分析；

③ 含有缺失数据回归；

……

如果在左栏中选中 Invest Performance Metrics，在右栏中对 Invest Performance 功能进行列举：

① 投资组合夏普比率；

② 投资组合信息比率；

③ 投资组合跟踪误差；

④ 风险调整后的收益；

……

点睛：若熟练使用 MATLAB Help 查询，将会大大提高 MATLAB 使用效率与编程速度！

A.2.3　系统变量与运算符

MATLAB 常用到的永久变量：

➢ ans：计算结果的默认变量名。

➢ i、j：基本虚数单位。

➢ eps：系统的浮点精度。

>> eps

2.220 4e−016（系统计算的精度）

➢ Inf：无限大，例 1/0。

➢ nan 或 NaN：非数值。

➢ pi：圆周率。

>> pi

3.141 6……

➢ realmax：系统所能表示的最大数值。

>> realmax

1.797 7e+308

➢ realmin：系统所能表示的最小数值。

>> realmin

2.225 1e−308

➢ nargin：函数的输入参数个数。

➢ nargout：函数的输出参数个数。

➢ MATLAB 的所有运算都定义在复数域上。对于方根问题运算只返回处于第一象限的解。

➢ MATLAB 分别用左斜杠"/"和右斜杠"\"来表示"右除"和"左除"运算。对于标量运算而言，这两者的作用没有区别。但对于矩阵运算来说，二者将产生不同的结果。具体可以参看高等代数中关于矩阵运算的讲解。

本节相关程序在文件夹 appendix 1 的 A1test2.m 中。

A.3 多项式运算

A.3.1 多项式表达方式

多项式的表示方法和运算：

p(x)＝x＾3－3x＋5 可以表示为 p＝[1 0 －3 5]，求 x＝5 时的值。

（表示三次项系数为 1，二次项系数为 0，一次项系数为－3，常数项为 5，具体可以参看 MATLAB 的 help 文档）

```
x = 5, polyval (p,x)
≫ 115
```

当 x 分别为 3、4、5 时，多项函数的值为

```
a = [3 4 5], polyval (p,a)
≫ 23      57    115（计算 a 中每个元素对应多项式的值）
```

A.3.2 多项式求解

函数 roots(p)用来求多项式的根。

```
p = [1 0 -3 5];
r = roots(p)
≫ r =
    - 2.2790（多项式的三个根）
    1.1395 + 0.9463i
    1.1395 - 0.9463i
```

点睛：数学理论表明，n 次方程有 n 个根，其中 n 个根中可能会有重复，即重根。有时会产生虚根，这时用"real(r);"抽取实根即可。

```
≫ ans =
   - 2.2790
    1.1395
    1.1395
```

A.3.3 多项式乘法（卷积）

conv(a,b)函数执行多项式乘法（两个数组的卷积）。

```
a = [1 2 3 4];
b = [1 4 9 16];
c = conv(a,b)
≫ c =
    1   6   20   50   75   84   64
```

即多项式为 x＾6＋6x＾5＋20x＾4＋50x＾3＋75x＾2＋84x＋64,它是多项式 x＾3＋2x＾2＋3x＋4 乘以 x＾3＋4x＾2＋9x＋6 的乘积。

本节相关程序在文件夹 appendix 1 的 A1test3.m 中。

A.4　多项式的曲线拟合

A.4.1　函数拟合

多项式的曲线拟合为

x＝[1 2 3 4 5];

y＝[5.6 40 150 250 498.9];

p＝polyfit(x,y,n)将数据以 n 次多项式为模型进行拟合,当 n 取 1 时,即为最小二乘法(线性回归方程)。

```
x = [1 2 3 4 5];
y = [5.6 40 150 250 498.9];
p = polyfit(x,y,1)
>> p =
  119.6600  -170.0800(第一个数值为一次项系数 a,另一个为常数项 b)
```

分析拟合结果代码如下：

```
x2 = 1:0.1:5;
y2 = polyval(p,x2);计算多项式的值  % polyval 计算多项式的值(polyvalm 计算矩阵多项式)
plot(x,y,'*',x2,y2);plot 画函数曲线
```

线性回归方程拟合效果如图 A.3 所示。

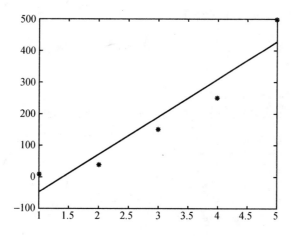

图 A.3　一次函数拟合效果图

三次函数拟合示例代码如下：

```
x = [1 2 3 4 5];
y = [5.6 40 150 250 498.9];
p = polyfit(x,y,3)
>> p =
   6.1083   - 25.0464   84.2452   - 63.2000
```

分析拟合结果代码如下：

```
x2 = 1:0.1:5;
y2 = polyval(p,x2);
plot(x,y,'*',x2,y2);
```

三次函数拟合效果如图 A.4 所示。

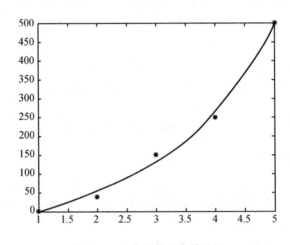

图 A.4   三次函数拟合效果图

A.4.2   曲线拟合工具 CFTOOL

MATLAB 提供了曲线拟合工具 CFTOOL，含有更多的拟合模型，具体可以参看该函数的说明。

```
CFTOOL Curve Fit CFTOOL ting Tool.
    CFTOOL displays a window for fitting curves to data. You can create a
    data set using data in your workspace and you can create graphs of fitted
    curves superimposed on a scatter plot of the data.

    CFTOOL(X,Y) starts the Curve Fitting tool with an initial data
    set containing the X and Y data you supply. X and Y must be
    numeric vectors having the same length.

    CFTOOL(X,Y,W) also includes the weight vector W in the initial
data set. W must have the same length as X and Y.
```

调用方法为在命令窗口键入 CFTOOL,函数拟合工具箱如图 A.5 所示。

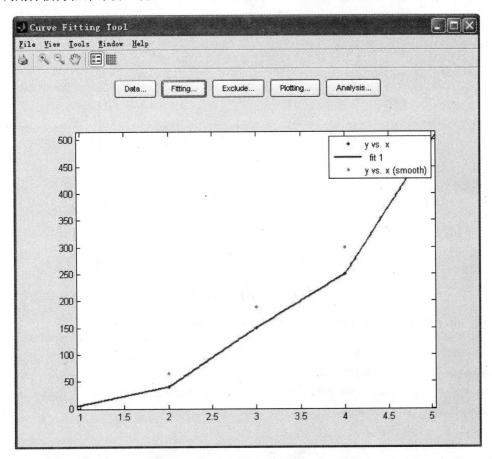

图 A.5 函数拟合工具箱

A.4.3 多项式插值

多项式插值 YI＝interp1(x,y,XI,'method'),XI 为插值点的自变量坐标向量,可以为数组或单个数。method 为选择插值算法的方法,包括:linear(线性插值)、cubic(立方插值)、spline(三次样条插值)、nearest(最近邻插值)等。

例如:人口预测 M 文件 interp1test.m 代码如下:

```
year = 1900:10:2000;
number = 100 * sort(random('logn',0,1,1,length(year)));
x = 1900:1:2000;
y = interp1(year,number,x,'spline');
```

interp1 函数的最后一个参数 spline 表示使用的插值方法。

插值结果分析代码如下:

```
plot(year,number,'*',x,y);
grid on
```

若您对此书内容有任何疑问,可以凭在线交流卡登录MATLAB中文论坛与作者交流。

计算结果如图 A.6 所示。

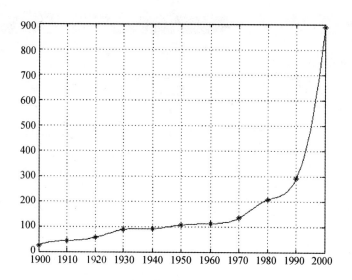

图 A.6　函数拟合效果图

函数 interp1(一维插值函数)提供的不同插值方法如下：

```
'nearest'  - nearest neighbor interpolation
'linear'   - linear interpolation
'spline'   - piecewise cubic spline interpolation (SPLINE)
'pchip'    - shape-preserving piecewise cubic interpolation
'cubic'    - same as 'pchip'
'v5cubic'  - the cubic interpolation from MATLAB 5, which does not
             extrapolate and uses 'spline' if X is not equally
             spaced.
```

具体算法说明可以在维基百科进行关键字搜索。例如,Nearest 的搜索结果如下：

Nearest：最近邻点插值法 ,最近邻点插值法(NearestNeighbor)又称泰森多边形方法,泰森多边形(Thiesen,又叫 Dirichlet 或 Voronoi 多边形)分析法是荷兰气象学家 A. H. Thiessen 提出的一种分析方法。最初用于从离散分布气象站的降雨量数据中计算平均降雨量,现在 GIS 和地理分析中经常采用泰森多边形进行快速的赋值。实际上,最近邻点插值的一个隐含的假设条件是任一网格点 p(x,y)的属性值都使用距它最近的位置点的属性值,用每一个网格节点的最近邻点值作为该节点的值。当数据已经是均匀间隔分布,要先将数据转换为 SURFER 的网格文件,可以应用最近邻点插值法;或者在一个文件中,数据紧密完整,只有少数点没有取值,可用最近邻点插值法来填充无值的数据点。有时需要排除网格文件中的无值数据的区域,在搜索椭圆(SearchEllipse)设置一个值,对无数据区域赋予该网格文件里的空白值。设置的搜索半径的大小要小于该网格文件数据值之间的距离,所有的无数据网格节点都被赋予空白值。在使用最近邻点插值网格化法,将一个规则间隔的 XYZ 数据转换为一个网格文件时,可设置网格间隔和 XYZ 数据的数据点之间的间距相等。最近邻点插值网格化法没有选项,它是均质且无变化的,对均匀间隔的数据进行插值很有用,同时,它对填充无值数据的区域很有效。

本节相关程序在文件夹 appendix 1 的 A1test4. m 中。

A.5 微积分计算

A.5.1 数值积分计算

例如,计算 $f(x)=x.\wedge 3-2*x-5$;在[0,2]上的积分可以使用 quad 函数。代码如下:

```
F = @(x)1./(x.^3 - 2 * x - 5);
Q = quad(F,0,2);
 >> Q = - 0.4605
```

函数 quad 使用说明可以参看 help quad。

二重积分首先计算内积分,然后借助内积分的中间结果再求出二重积分的值,类似于积分中的分步积分法。代码如下:

```
F = @(x,y)y * sin(x) + x * cos(y);
Q = dblquad(F,pi,2 * pi,0,pi);
 >> Q = - 9.8696
```

A.5.2 符号积分计算

积分计算可以使用符号计算工具箱(Symbolic Math Toolbox)。

符号积分运算函数为 int(f),最精确的是符号积分法。

例如:计算 $S = \int_1^2 \int_0^1 xy \, dx \, dy$ 的代码如下:

```
syms x y % 中间为空格,不能为逗号
s = int(int('x * y','x',0,1),'y',1,2 ) % 引号可省略
 >> s = 3/4
```

A.5.3 数值微分运算

微分是描述一个函数在一点处的斜率,是函数的微观性质,积分对函数的形状在小范围内的改变不敏感,而微分很敏感。函数的小小变化,容易造成相邻点的斜率的大的改变。由于微分这种固有的困难,所以尽可能避免数值微分,特别是对实验获得的数据进行微分。这种情况最好用最小二乘曲线拟合这些数据,然后对所得到的多项式进行微分;或用另一种方法对点数据进行三次样条拟合,然后寻找样条微分,但是,有时微分运算是不能避免的。在 MATLAB 中,用函数 diff 计算一个矢量或者矩阵的微分(也可以理解为差分)。一次微分代码如下:

```
a = [1 2 3 3 3 7 8 9];
b = diff(a) % 一次微分
 >> b =
 1 1 0 0 4 1 1
```

二次微分代码如下:

```
a = [1 2 3 3 3 7 8 9];
bb = diff(a,2) % 二次微分
>> bb =
    0   -1   0   4   -3   0
```

点睛:实际上 diff(a)=[a(2)−a(1),a(3)−a(2),…,a(n)−a(n−1)],对于求矩阵的微分,即为求各列矢量的微分,从矢量的微分值可以判断矢量的单调性、是否等间距以及是否有重复的元素。

计算多元函数的梯度使用 gradient 函数。

fx = gradient(f)

f 是一个矢量,返回 f 的一维数值梯度,fx 对应于 x 方向的微分。

例如:

```
[x,y] = meshgrid(-2:.2:2, -2:.2:2);
z = x. * exp(-x.^2 - y.^2);
[px,py] = gradient(z,.2,.2);
contour(z),hold on 画等值线
quiver(px,py)
```

数值微分计算效果如图 A.7 所示。

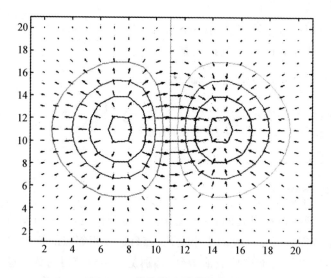

图 A.7　数值微分计算效果图

A.5.4　符号微分运算(diff)

微分计算可以使用符号计算工具箱(Symbolic Math Toolbox)。

例如:

```
syms x t a
f = cos(a * x)
df = diff(f)          % 由 findsym 的规则,隐式地指定对 x 进行微分
dfa = diff(f,'a')     % 指定对变量 a 进行微分
dfa = diff(f,'a',3)   % 三次微分
≫ f = cos(a * x)
df = - sin(a * x) * a
dfa = - sin(a * x) * x
dfa = sin(a * x) * x^3
```

微分函数 diff 不仅作用在标量上,还可以在矩阵上,运算规则就是按矩阵的元素分别进行微分。

例如:

```
syms a x
A = [cos(a * x),sin(a * x), - sin(a * x),cos(a * x)];
dA = diff(A)
≫ dA =
[ - sin(a * x) * a, cos(a * x) * a, - cos(a * x) * a, - sin(a * x) * a]
```

本节相关程序在文件夹 appendix 1 的 A1test5.m 中。

A.6 矩阵计算

A.6.1 线性方程组的求解

求解线性方程组,用右斜杠"\"。

ax=b,即 x=a\b (b 左除 a),求解代码如下:

```
a = hilb(3)
≫ a =
    1.0000    0.5000    0.3333
    0.5000    0.3333    0.2500
    0.3333    0.2500    0.2000
b = [1 2 3]'
x = a\b
≫ x =
    27.0000
  - 192.0000
    210.0000
```

A.6.2 矩阵的特征值和特征向量

用[v,d]＝eig(A)；其中 v 返回相应的特征值，d 将返回特征向量，缺省第二个参数，即 v＝eig(A)，将只返回特征值。

数值计算矩阵特征值与特征向量的代码如下：

```
    A = 1000 * randn(4)
  [v,d] = eig(A)
  >> A =
    1.0e + 003 *
      1.0668      0.2944     - 0.6918     - 1.4410
      0.0593    - 1.3362       0.8580       0.5711
    - 0.0956      0.7143       1.2540     - 0.3999
    - 0.8323      1.6236     - 1.5937       0.6900
    v =
      0.3770     - 0.7873       0.7361     - 0.8112
    - 0.6638     - 0.2881     - 0.0531       0.1579
      0.2195     - 0.0753       0.1675       0.5614
      0.6075     - 0.5399     - 0.6537       0.0421
    d =
      1.0e + 003 *
    - 2.1764          0            0            0
          0        0.1203         0            0
          0            0        2.1676         0
          0            0            0        1.5631
```

符合计算矩阵特征值与特征向量的代码如下：

```
syms a b c real
A = [a b c; b c a; c a b];
[v,d] = eig(A);
>> d =
[a + b + c,                  0,                        0                    ]
[0,      (a^2 - b * a + b^2 - c * b - c * a + c^2)^(1/2),      0            ]
[0,                  0,           - (a^2 - b * a + b^2 - c * b - c * a + c^2)^(1/2)]
```

A.6.3 矩阵求逆

矩阵求逆用 B＝inv(A)；其 B 将返回 A 的逆矩阵。

例如：

```
A = rand(4)
B = inv(A)
C = A * B
A =
        0.8147      0.6324      0.9575      0.9572
        0.9058      0.0975      0.9649      0.4854
        0.1270      0.2785      0.1576      0.8003
        0.9134      0.5469      0.9706      0.1419
B =
      - 15.2997      3.0761     14.7235      9.6445
      - 0.2088     - 1.8442      1.0366      1.8711
       14.5694     - 1.9337    - 14.6497    - 9.0413
      - 0.3690      0.5345      1.4378    - 0.4008
C =
        1.0000      0.0000      0.0000    - 0.0000
      - 0.0000      1.0000      0.0000    - 0.0000
        0.0000      0.0000      1.0000    - 0.0000
        0.0000      0.0000      0.0000      1.0000
```

本节相关程序在文件夹 appendix 1 的 A1test6. m 中。

A.7　M 函数编程规则

使用 MATLAB 函数时,例如 inv、abs、angle 和 sqrt,MATLAB 获取传递给它的变量,利用所给的输入,计算所要求的结果。然后,把这些结果返回。由函数执行的命令,以及由这些命令所创建的中间变量,都是隐含的。所有可见的东西是输入和输出,也就是说函数是一个黑箱。这些属性使得函数成为强有力的工具,用做计算命令。这些命令包括在求解一些大的问题时,经常出现的有用的数学函数或命令序列。由于这个强大的功能,MATLAB 提供了一个创建用户函数的结构,并以 M 文件的文本形式存储在计算机上。

MATLAB 函数 fliplr 是一个 M 文件函数的典型例子,代码如下:

```
function y = fliplr(x)
%   FLIPLR    Flip matrix in the left/right direction.
%      FLIPLR(X) returns X with row preserved and columns flipped
%      in the left/right direction.
%
%      X = 1 2 3        becomes 3 2 1
%          4 5 6                6 5 4
%
%      See also FLIPUD, ROT90.
%      Copyright (c) 1984 - 94 by The MathWorks, Inc.
[m, n] = size(x);
y = x( : , n : - 1 : 1);
```

编程窗口如图 A. 8 所示。

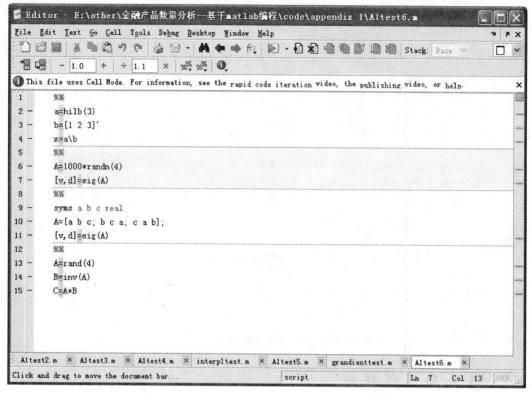

图 A.8　M 语言编程窗口

一个函数 M 文件与脚本文件类似之处在于它们都是一个有.m 扩展名的文本文件。如同脚本 M 文件一样，函数 M 文件不进入命令窗口，而是由文本编辑器所创建的外部文本文件。一个函数 M 文件与脚本文件在通信方面是不同的。函数与 MATLAB 工作空间之间的通信，只通过传递给它的变量和通过它所创建的输出参数。在函数内中间变量不出现在 MATLAB 工作空间，或与 MATLAB 工作空间不交互。正如上面的例子所看到的，一个函数 M 文件的第一行把 M 文件定义为一个函数，并指定它的名字。它与文件名相同，但没有.m 扩展名。它也定义了它的输入和输出参数。接下来的注释行是所展示的文本，它与帮助命令" >>help fliplr"相对应。第一行帮助行称为 H1 行，是由 lookfor 命令所搜索的行。最后，M 文件的其余部分包含了 MATLAB 创建输出参数的命令。

M 文件函数必须遵循以下特定的规则。除此之外，它们有许多的重要属性。包括：

① 函数名和文件名必须相同。例如，函数 fliplr 存储在名为 fliplr.m 的文件中。

② MATLAB 头一次执行一个 M 文件函数时，它打开相应的文本文件并将命令编辑成存储器的内部表示，以加速执行以后所有的调用。如果函数包含了对其他 M 文件函数的引用，它们也同样被编译到存储器。普通的脚本 M 文件不被编译，即使它们是从函数 M 文件内调用；打开脚本 M 文件，调用一次就逐行进行注释。

③ 在函数 M 文件中，到第一个非注释行为止的注释行是帮助文本。当需要帮助时，返回该文本。例如，" >>help fliplr"返回上述前八行注释。

④ 第一行帮助行，名为 H1 行，是由 lookfor 命令搜索的行。

⑤ 函数可以有零个或更多个输入参数及零个或更多个输出参数。

⑥ 函数可以按少于函数 M 文件中所规定的输入和输出参数进行调用,但不能用多于函数 M 文件中所规定的输入和输出参数数目。如果输入和输出参数数目多于函数 M 文件中 function 语句一开始所规定的数目,则调用时自动返回一个错误。

⑦ 当函数有一个以上输出参数时,输出参数包含在括号内。例如,[v,d]＝eig(A)。不要把这个句法与等号左边的[v,d]相混淆。左边的[v,d]是由数组 v 和 d 所组成。

⑧ 当调用一个函数时,所用的输入和输出的参数的数目,在函数内是规定好的。函数工作空间变量 nargin 包含输入参数个数;函数工作空间变量 nargout 包含输出参数个数。事实上,这些变量常用来设置缺省输入参数,并决定用户所希望的输出参数。

例如,考虑 MATLAB 函数 linspace :

```
function y = linspace(d1, d2, n)
%  LINSPACE Linearly spaced vector.
%      LINSPACE(x1, x2) generates a row vector of 100 linearly
%      equally spaced points between x1 and x2.
%      LINSPACE(x1, x2, N) generates N points between x1 and x2.
%
%      See also LOGSPACE, :.
%      Copyright (c) 1984 - 94 by The MathWorks, Inc.
if nargin == 2
    n = 100;
end
y = [d1 + (0:n - 2) * (d2 - d1)/(n - 1) d2] ;
```

这里,如果用户只用两个输入参数调用 linspace ,例如 linspace(0,10) ,linspace 产生 100 个数据点。相反,如果输入参数的个数是 3,例如,linspace(0,10,50),第三个参量决定数据点的个数。

size 函数可用一个或两个输出参数调用,尽管它不是一个 M 文件函数(它是一个内置函数)。size 函数的帮助文本说明了它的输出参数的选择,代码如下:

```
SIZE    Matrix dimensions.
        D = SIZE(X), for M - by - N matrix X, returns the two - element
        row vector D = [M, N] containing the number of rows and columns
        in the matrix.

        [M, N] = SIZE(X) returns the number of rows and columns
        in separate output variables.
```

如果函数仅用一个输出参数调用,就返回一个二元素的行,它包含行数和列数。相反,如果出现两个输出参数,size 分别返回行和列。在 M 文件函数里,变量 nargout 可用来检验输出参数的个数,并按要求修正输出参数的创建。

⑨ 当一个函数说明一个或多个输出参数,但没有要求输出时,就简单地不给输出参数赋任何值。MATLAB 函数 toc 阐明了这个属性,代码如下:

115

```
function t = toc

%  TOC Read the stopwatch timer.

%      TOC, by itself, prints the elapsed time since TIC was used.

%      t = TOC; saves the elapsed time in t, instead of printing it out.

%

%      See also TIC, ETIME, CLOCK, CPUTIME.

%      Copyright (c) 1984 - 94 by The MathWorks, Inc.

%  TOC uses ETIME and the value of CLOCK saved by TIC.
global TICTOC
if nargout < 1
 elapsed_time = etime(clock, TICTOC)
else
 t = etime(clock, TICTOC);
end
```

如果用户不以输出参数调用 toc，例如" >>toc"，就不指定输出参数 t 的值，函数则在命令窗口显示函数工作空间变量 elapsed_time，且在 MATLAB 工作空间里不创建变量。相反，如果 toc 是以" >>out＝toc"调用，则按变量 out 将消逝的时间返回到命令窗口。

⑩ 函数有它们自己的专用工作空间，它与 MATLAB 的工作空间分开。函数内变量与 MATLAB 工作空间之间唯一的联系是函数的输入和输出参数。如果函数任一输入参数值发生变化，其变化仅在函数内出现，不影响 MATLAB 工作空间的变量。函数内所创建的变量只驻留在函数的工作空间，而且只在函数执行期间临时存在，以后就消失。因此，从一个调用到下一个调用，在函数工作空间变量存储信息是不可能的。（然而，使用全局变量就提供这个特征。）

⑪ 如果一个预定的变量，例如 pi，在 MATLAB 工作空间重新定义，它不会延伸到函数的工作空间。逆向有同样的属性，即函数内的重新定义变量不会延伸到 MATLAB 的工作空间中。

⑫ 当调用一个函数时，输入参数不会拷贝到函数的工作空间，但使它们的值在函数内可读。然而，改变输入参数内的任何值，则数组将拷贝到函数工作空间。缺省情况下，如果输出参数与输入参数相同，例如函数 x＝fun(x, y, z) 中的 x，则将 x 复制到函数的工作空间。因此，为了节约存储和增加速度，最好是从大数组中抽取元素，然后对它们作修正，而不是使整个数组拷贝到函数的工作空间。

⑬ 如果变量说明是全局的，函数可以与其他函数、MATLAB 工作空间和递归调用本身共享变量。为了在函数内或 MATLAB 工作空间中访问全局变量，在每一个所希望的工作空间，变量必须说明是全局的。全局变量使用的例子可以在 MATLAB 函数 tic 和 toc 中看到，它们合在一起工作如一个跑表。

函数 tic 代码如下：

```
function tic

%  TIC Start a stopwatch timer.

%      The sequence of commands
```

```
%        TIC
%        any stuff
%        TOC
%    prints the time required for the stuff.
%
%    See also TOC, CLOCK, ETIME, CPUTIME.

%    Copyright (c) 1984 - 94 by The MathWorks, Inc.

% TIC simply stores CLOCK in a global variable.
global TICTOC
TICTOC = clock;
```

函数 toc 代码如下：

```
function t = toc
% TOC Read the stopwatch timer.
%    TOC, by itself, prints the elapsed time since TIC was used.
%    t = TOC; saves the elapsed time in t, instead of printing it out.
%
%    See also TIC, ETIME, CLOCK, CPUTIME.

%    Copyright (c) 1984 - 94 by The MathWorks, Inc.

% TOC uses ETIME and the value of CLOCK saved by TIC.
global TICTOC
if nargout < 1
    elapsed_time = etime(clock,TICTOC)
else
    t = etime(clock,TICTOC);
end
```

在函数 tic 中，变量 TICTOC 说明为全局的，因此它的值由调用函数 clock 来设定。以后在函数 toc 中，变量 TICTOC 也说明为全局的，让 toc 访问存储在 TICTOC 中的值。利用这个值，toc 计算自执行函数 tic 以来消耗的时间。值得注意的是，变量 TICTOC 存在于 tic 和 toc 的工作空间，而不在 MATLAB 工作空间。

⑭ 实际编程中，应尽量避免使用全局变量。要是用了全局变量，建议全局变量名要长，它包含所有的大写字母，并有选择地以首次出现的 M 文件的名字开头。如果遵循建议，则在全局变量之间不必要的互作用减至最小。例如，如果另一函数或 MATLAB 工作空间说明 TIC-TOC 为全局的，那么它的值在该函数或 MATLAB 工作空间内可被改变，而函数 toc 会得到不同的、可能是无意义的结果。

⑮ MATLAB 以搜寻脚本文件的同样方式搜寻函数 M 文件。例如，输入"＞＞cow"，MATLAB 首先认为 cow 是一个变量。如果它不是，那么 MATLAB 认为它是一个内置函数。如果还不是，MATLAB 检查当前 cow.m 的目录或文件夹。如果它不存在，MATLAB 就检查 cow.m 在 MATLAB 搜寻路径上的所有目录或文件夹。

⑯ 从函数 M 文件内可以调用脚本文件。在这种情况下，脚本文件查看函数工作空间，不查看 MATLAB 工作空间。从函数 M 文件内调用的脚本文件不必用调用函数编译到内存。

117

函数每调用一次,它们就被打开和解释。因此,从函数 M 文件内调用脚本文件减慢了函数的执行。

⑰ 当函数 M 文件到达 M 文件终点,或者碰到返回命令 return,就结束执行并返回。return命令提供了一种结束函数的简单方法,而不必到达文件的终点。

⑱ MATLAB 函数 error 在命令窗口显示一个字符串,放弃函数执行,把控制权返回给键盘。这个函数对提示函数使用不当很有用,如在以下文件片段中:

```
if length(val) > 1
    error(' VAL must be a scalar. ')
end
```

如果变量 val 不是一个标量,error 显示消息字符串,把控制权返回给命令窗口和键盘。

⑲ 当 MATLAB 运行时,它缓存了(caches)存储在 Toolbox 子目录和 Toolbox 目录内的所有子目录中所有的 M 文件的名字和位置。这使 MATLAB 很快找到和执行函数 M 文件。也使得命令 lookfor 工作更快。被缓存的 M 文件函数当作是只读的。如果执行这些函数,以后又发生变化,MATLAB 将只执行以前编译到内存的函数,不管已改变的 M 文件。而且,在 MATLAB 执行后,如果 M 文件被加到 Toolbox 目录中,那么它们将不出现在缓存里,因此不可利用。所以,在 M 文件函数的使用中,最好把它们存储在 Toolbox 目录外,或许最好存储在 MATLAB 目录下,直至它们被认为是完备的(complete)。当它们是完备时,就将它们移到一个只读的 Toolbox 目录或文件夹的子目录内。最后,要确保 MATLAB 搜索路径改变,以确认它们的存在。

总之,函数 M 文件提供了一个简单的扩展 MATLAB 功能的方法。事实上,MATLAB 本身的许多标准函数就是 M 文件函数。

A.8　绘图函数

本节相关程序在文件夹 appendix 1 的 A1test8.m 中。

A.8.1　简易函数绘图

1. 符号函数简易绘图函数 ezplot(f)

f 可以是包含单个符号变量 x 的字符串或表达式,默认画图区间(−2pi,2pi),如果 f 包含 x 和 y,画出的图像是 f(x,y)=0 的图像,缺省区间是−2pi<x<2pi,−2pi<y<2pi。

函数语法为:ezplot(f,xmin,xmax)或 ezplot(f,[xmin,xmax])

绘制在 xmin<x<xmax 区间上的图像。例如:

```
syms x t
ezplot('t * cos(t)','t * sin(t)',[0,4 * pi])
```

结果图形如图 A.9 所示。

2. 绘制符号图像函数 fplot(fun,lims,tol,'linespec',n)

其中 lims=[xmin,xmax]或 lims=[xmin,xmax,ymin,ymax],tol 为指定的相对误差,默认 0.001;'linespec'指定绘图的线型;n 指定最少以 n+1 个点绘图。

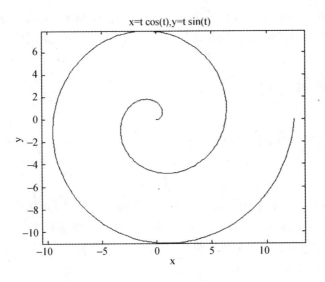

图 A.9　ezplot 函数效果图

[x,y]＝fplot(fun,lims,…) 只返回用来绘图的点,并不绘图,可以自己调用 plot(x,y)来绘制图形。

例如:

```
syms x
subplot(2,2,1),fplot('humps',[0,1])
f ='abs(exp(x*(0:9))*ones(10,1))'
subplot(2,2,2),fplot(f,[0,2*pi])
subplot(2,2,3),fplot('sin(1./x)',[0.01,0.1],1e-3)
```

结果图形如图 A.10 所示。

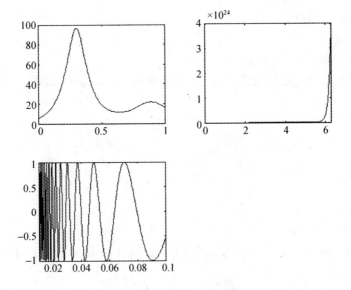

图 A.10　subplot 函数效果图

119

注：subplot(M,N,num)表示在一个图框 figure 中画 M 行 N 列子图，num 表示第几子图，顺序是从左向右，从上到下。subplot(2,2,3)，表示 2 行 2 列子图中第三个图，即第二行第一个子图。

A.8.2 二维图形绘制

绘图函数如下：

➤ plot(x,y)：在(x,y)坐标下绘制二维图像，支持多个 x-y 二元结构；
➤ plot3(x,y,z)：在(x,y,z)坐标下绘制三维图形；
➤ loglog(x,y)：在(x,y)对数坐标下绘制二维图形；
➤ semilogx(x,y)：在 x 为对数坐标，y 为线性坐标的二维坐标中绘图；
➤ semilogy(x,y)：在 x 为线性坐标，y 为对数坐标的二维坐标中绘图；
➤ plotyy：在有两个 y 轴的坐标下绘图；
➤ bar(x,y)：二维条形图；
➤ hist(y,n)：直方图；
➤ histfit(y,n)：带拟和线的直方图，n 为直方的个数；
➤ stem(x,y)：火柴杆图；
➤ comet(x,y)：彗星状轨迹图；
➤ compass(x,y)：罗盘图；
➤ errorbar(x,y,l,u)：误差限图；
➤ feather(x,y)：羽毛状图；
➤ fill(x,y,'r')：二维填充函数，以红色填充；
➤ pie(x)：饼图；
➤ polar(t,r)：极坐标图，r 为幅值向量，t 为角度向量；
➤ quiver(x,y)：磁力线图；
➤ stairs(x,y)：阶梯图；
➤ loglog：对数图；
➤ semilogx、semilogy：半对数图。

注：MATLAB 数据可视化功能强大，具体可用"help 函数名称"搜索函数文档。

1. plot 用法

代码如下：

```
x = 1:10
y = sin(x)
plot(x,y,'-- rs')
```

结果图形如图 A.11 所示。

2. plotyy 用法

plotyy(x1,y1,x2,y2) 以 x1 为标准，左轴为 y 轴绘制 y1 向量；以 x2 为基准，右轴为 y 轴，绘制 y2 向量。

plotyy(x1,y1,x2,y2,fun)为用字符串 fun 指定的绘图函数(plot，semilogx，semilogy，loglog，stem)的绘图类型来绘图。

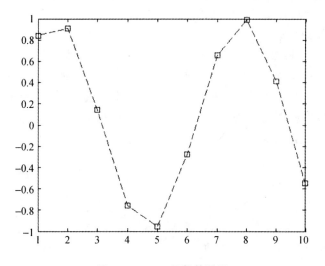

图 A.11　plot 函数效果图

例如：

```
t = 0:pi/20:2 * pi;
y = exp(sin(t));
plotyy(t,y,t,y,'plot','stem') % stem 为二维火柴杆图
```

结果图形如图 A.12 所示。

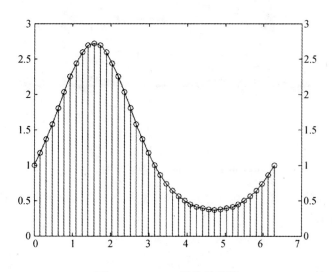

图 A.12　plotyy 函数效果图

A.8.3　三维图形绘制

绘图函数如下：

➢ plot3(x,y,z)：三维线条图；

➢ surf(z)：隐含着 x,y 的值为 surf 指令根据 z 的尺寸自动生成；

➢ surfc：画出具有基本等值线的曲面图；

121

> surfl：画出一个具有亮度的曲面图；

> mesh(x,y,z)：网格图；

> mesh(x,y,z,c)：四维作图，(x,y,z)代表空间三维，c 代表颜色维；

> shading flat：网线图的某整条线段或曲面图的某个贴片都着一种颜色；

> shading interp：某一线段或贴片上各点的颜色由线或片的顶端颜色经线性插值而得。

曲面图不能设成网格图那样透明，但需要时，可以在孔洞处将数据设成 NaN。

1. plot3(x,y,z) 三维线条图

代码如下：

```
t = 0:pi/50:15 * pi;
plot3(sin(t),cos(t),t,'r * ')
v = axis % 返回各个轴的范围
text(0,0,0,'origin') % 在某个坐标点加入文字
```

结果图形如图 A.13 所示。

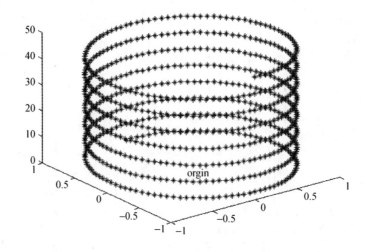

图 A.13　plot3 函数效果图

注：plot3 增加维数，可以一次画多个二维图，使多个二维图形根据 z 轴排列。

2. 三维网线图的绘制

surf(x,y,z,c) 着色表面图；surf(x,y,z) 隐含着 c＝z。

例如：

```
[x,y] = meshgrid([ - 2:0.1:2]);
z = x. * exp( - x.^2 - y.^2);
subplot(1,2,1)
plot3(x,y,z)
subplot(1,2,2)
surf(x,y,z)
```

结果图形如图 A.14 所示。

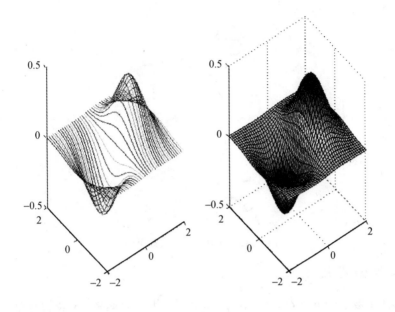

图 A.14 surf 函数效果图

A.8.4 等高线图形绘制

contour 在二维空间绘制等高线。相关说明如下：

➤ contour(x,y,z,n)：绘制 n 条等值线(n 可省略)；

➤ contour(x,y,z,v)：在向量 v 所指定的高度上绘制等高线(可省)；

➤ c＝contour(x,y,z)：计算等值线的高度值；

➤ c＝contourc(x,y,z,n)：计算 n 条等高线的 x−y 坐标数据；

➤ c＝contourc(x,y,z,v)：计算向量 v 所指定的等高线的 x−y 坐标数据；

➤ clabel(c)：给 c 阵所表示的等高线加注高度标识；

➤ clabel(c,v)：给向量 v 所指定的等高线加注高度标识；

➤ clabel(c,'manual')：借助鼠标给点中的等高线加注高度标识。

contour3(x,y,z)在三维空间绘制等高线,代码如下：

```
[x,y,z] = peaks(30);
contour3(x,y,z,16,'g')
```

结果图形如图 A.15 所示。

注：contour3(x,y,z,16,'g')中,'g'表示绿色,'r'表示红色,'k'表示黑色,'b'表示蓝色。

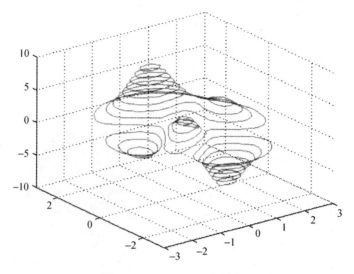

图 A.15 contour3 函数效果图

A.8.5 二维伪彩图绘制

二维伪彩图函数 pcolor(x,y,z)是函数 surf 的二维等效函数,代表伪彩色,可与 contour 单色等值线结合画彩色等值线图。

例如:

```
[x,y,z] = peaks(30);
pcolor(x,y,z);伪彩色
shading interp 颜色插值,使颜色平均渐变
hold on,contour(x,y,z,20,'k')... 画等值线
colorbar('horiz') 水平颜色标尺
c = contour(x,y,z,8);
clabel(c) 标注等高线
```

结果图形如图 A.16 所示。

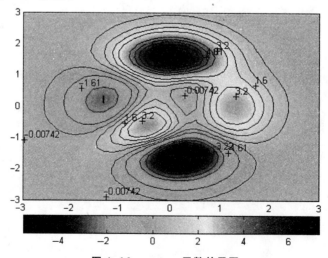

图 A.16 contour 函数效果图

注：clabel(c) 标注等高线等具体函数说明，请查看 help 文档。

A.8.6　矢量场图绘制

矢量场图（速度图）函数 quiver 用于描述函数 z＝f(x,y)在点(x,y)的梯度大小和方向。

[X,Y]＝meshgrid(x,y)

X、Y 为 Z 阵元素的坐标矩阵。

[U,V]＝gradient(Z,dx,dy)

U、V 分别为 Z 对 x、对 y 的导数,dx、dy 分别是 x、y 方向上的计算步长。

quiver(X,Y,U,V,s,'linespec','filled')中,U、V 为必选项,决定矢量场图中各矢量的大小和方向;s 为指定所画箭头的大小,缺省时取 1;linespec 为字符串,指定合法的线形和彩色;filled 用于填充定义的绘图标识符。

例如：

```
[x,y] = meshgrid( - 2:.2:2, - 1:.15:1);
z = x. * exp( - y.^2);
[px,py] = gradient(z,.2,.15);
contour(x,y,z);
hold on,quiver(x,y,px,py),axis image
```

结果图形如图 A.17 所示。

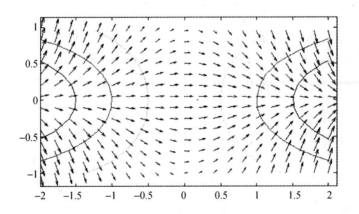

图 A.17　quiver 函数效果图

A.8.7　多边形图绘制

多边形的填色函数为 fill(x,y,c),c 定义颜色字符串,可以是' r '(红色)或' b '(蓝色)等,也可以用 RGB 三色表示,RGB 向量[r,g,b]元素取值为[0,1]。

图形的四维表现：

```
x = 0:0.1:10;
y = sin(x);
fill([x,10],[y,0],'r')
```

结果图形如图 A.18 所示。

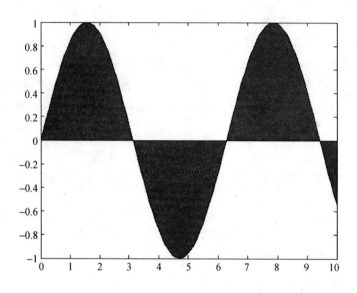

图 A.18　fill 函数效果图

本节相关程序在文件夹 appendix 1 的 A1test8. m 中。

注：RGB 向量 [r,g,b] 元素取值为 [0,1]，[1,0,0] 为红色，[0,1,0] 为绿色，[0,0,1] 为蓝色。

例如：

```
x = 0:0.1:10;
y = sin(x);
subplot(1,3,1)
fill([x,10],[y,0],[1,0,0])
subplot(1,3,2)
fill([x,10],[y,0],[0,1,0])
subplot(1,3,3)
fill([x,10],[y,0],[0,0,1])
```

A.9　Excel – Link

MATLAB 提供使其能与 Excel 互动操作的 Excel – Link 宏。Excel – Link 使得数据在 MATLAB 与 Excel 之间随意交换，以及在 Excel 下调用 MATLAB 的函数。Excel – Link 将 MATLAB 强大的数值计算功能、数据可视化功能与 Excel 的数据 Sheet 功能结合在一起。下面就简单介绍 Excel – Link 的基本操作，Excel – Link 功能原理如图 A.19 所示。

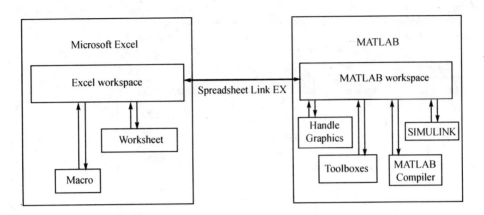

图 A.19　Excel - Link 功能原理图

A.9.1　加载 Excel - Link 宏

加载方法：在 Excel 工作窗口中选择"工具"→"加载宏"菜单项，弹出"加载宏"对话框，单击该对话框的"浏览"按钮，弹出"浏览"对话框（如图 A.20 所示）。通过 MATLAB 的安装路径查找"toolbox\exlink\excllink.xla"，单击"打开"按钮，回到"加载宏"对话框（如图 A.21 所示）。

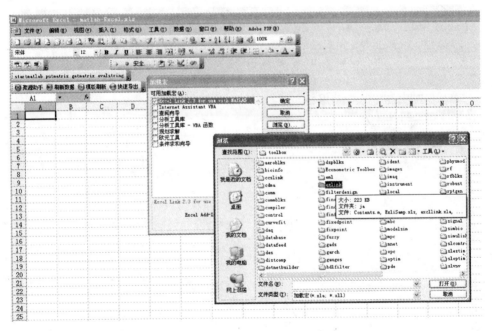

图 A.20　Exlink 加载方法示意图（一）

在"加载宏"对话框中，选择 Excel link2.3 for use with MATLAB 选项，单击"确定"按钮。如果在 Excel 的左上方出现 startmatlab、putmatrix、getmatrix、evalstring 这样的 Excel - Link，说明加载成功，如图 A.22 所示。

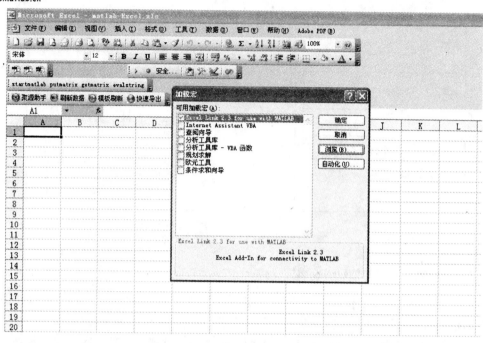

图 A.21　Exlink 加载方法示意图(二)

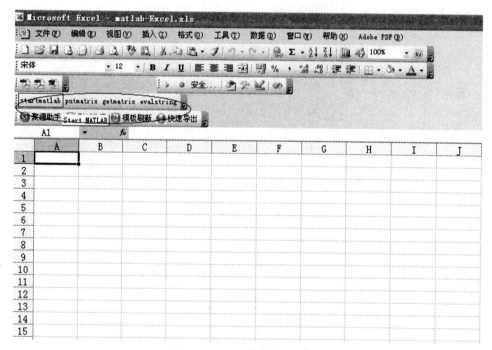

图 A.22　Exlink 加载成功示意图

A.9.2　Excel-Link 使用方法

Excel-Link 各项功能如下：

① startmatlab：点击启动 MATLAB。

② putmatrix：将 Excel 的数据传输到 MATLAB 中。此时，在 MATLAB 中可看到传入到 MATLAB 中的矩阵 x，如图 A.23 所示。若设 y＝sin(x)，则运算结果如图 A.24 所示。

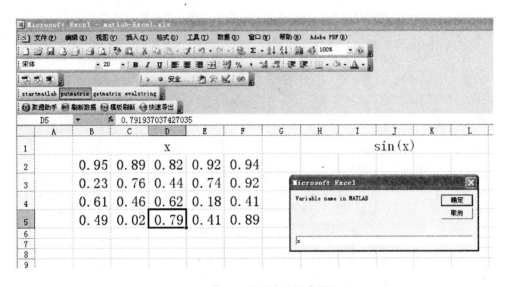

图 A.23　Exlink 使用方法示意图(一)

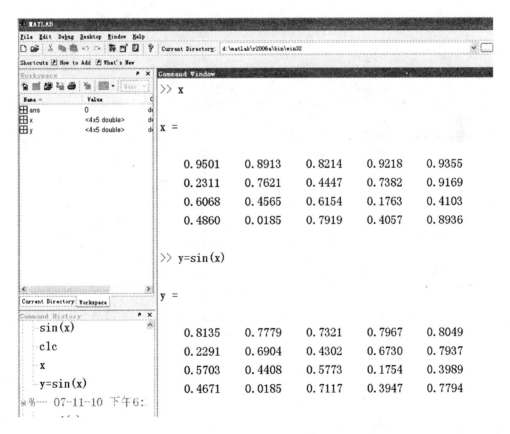

图 A.24　Exlink 使用方法示意图(二)

若您对此书内容有任何疑问，可以凭在线交流卡登录MATLAB中文论坛与作者交流。

③ getmatrix：将 MATLAB 的数据传输到 Excel 中。单击 getmatrix，输入要传入的矩阵变量名称（如图 A.25 所示），单击"确定"按钮，则算出 sin(x) 的值，如图 A.26 所示。

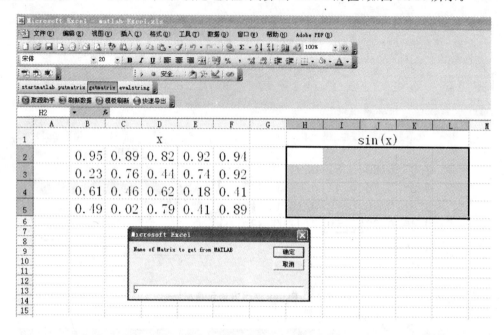

图 A.25 Exlink 使用方法示意图（三）

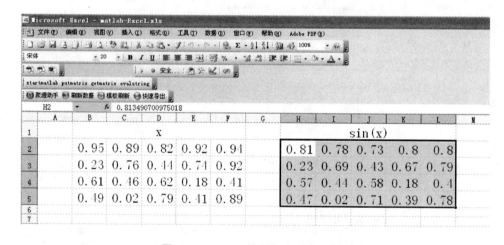

图 A.26 Exlink 使用方法示意图（四）

④ evalstring：执行 string 的 MATLAB 命令。具体可以参看 MATLAB 的 help 文档。

B.1 优化的基本概念与理论

凸集合与凸规划是运筹学的支柱性理论,优化理论也主要建立在凸集合与凸规划的基础之上。根据优化问题的可行解集合及目标与约束函数是否为凸,可将优化问题的解分为局部最优解与全局最优解。现在,优化算法种类繁多,根据其优化理论,将现有优化算法分为经典优化算法与启发式优化算法。运筹学及最优化的发展与其他科学理论的发展密切相关,如金融工程、数值计算等。

B.1.1 基本概念

在现实生活中,许多重要的问题都涉及选取一个最好的目标,或者为达到这个目标而选择某些参数,确定某些值,这些问题都可以归结为最优化问题。对于一个最小值问题,其形式的描述为数学规划模型的一般形式,即

$$(fs)\begin{cases} \min f(x) \\ \text{s. t. } x \in S \end{cases}$$

其中,$S \in R^n$ 为约束集合或可行集;$f : S \to R$ 为目标函数;若 $x \in S$ 则称 x 为问题 (fs) 的可行解。显然,只要改变目标函数的符号,最大值问题就可以转变成最小值问题,因此,在本附录中都是以最小值问题为标准优化问题,即优化问题的目标函数为 $\min f(x)$ 的形式。

B.1.2 线性最优化

线性最优化又称线性规划,是运筹学中应用最广泛的一个分支,这是因为自然科学和社会科学中许多问题都可以近似转化成线性规划问题。

线性规划的一般形式:

$$\min z = c_1 x_1 + c_2 x_2 + \cdots + c_n x_n$$

$$\text{s. t.} \begin{cases} a_{11} x_1 + a_{12} x_2 + \cdots + a_{1n} x_n \leqslant b_1 \\ a_{21} x_1 + a_{22} x_2 + \cdots + a_{2n} x_n \leqslant b_2 \\ \qquad\qquad\vdots \\ a_{m1} x_1 + a_{m2} x_2 + \cdots + a_{mn} x_n \leqslant b_m \\ x_1, x_2, \cdots, x_n \geqslant 0 \end{cases}$$

线性规划理论和算法的研究发展共经历了三个阶段,每个阶段都引起了社会的极大关注。线性规划研究的第一次高潮是著名的单纯形法的研究。这一方法是 Dantzig 在 1947 年提出的,它以成熟的算法理论和完善的算法及软件统治线性规划达三十多年。随着 20 世纪 60 年代发展起来的计算复杂性理论的研究,单纯形法在 70 年代末受到了挑战。1979 年,前

苏联数学家 Khachiyan 提出了第一个理论上优于单纯形法的所谓多项式时间算法——椭球法，曾成为轰动一时的新闻，并掀起了研究线性规划的第二次高潮。但遗憾的是广泛的数值试验表明，椭球法的计算比单纯形方法差。1984 年，Karmarkar 提出了求解线性规划的另一个多项式时间算法。这个算法从理论和数值上都优于椭球法，因而引起学术界的极大关注，并由此掀起了研究线性规划的第三次高潮。从那以后，许多学者致力于改进和完善这一算法，得到了许多改进算法。这些算法运用不同的思想方法均获得通过可行区域内部的迭代点列，因此统称为解线性规划问题的内点算法。目前内点算法正以不可抗拒的趋势将超越和替代单纯形法。

B.1.3　非线性最优化

非线性规划的一般形式为

$$\min f(x)$$
$$\text{s. t.} \begin{cases} g_i(x) \leqslant 0, & i = 1, 2, \cdots, m \\ h_j(x) = 0, & j = 1, 2, \cdots, l \end{cases}$$

其中，$f, g_i, h_j : R^n \to$ 有一个为非线性函数；i：不等式约束条件；j：等式约束条件。

非线性规划的一个重要理论是 1951 年 Kuhn - Tucker 最优条件（简称 KT 条件）。此后的 20 世纪 50 年代主要是对梯度法和牛顿法的研究，以 Davidon(1959)、Fletcher 和 Powell(1963)提出的 DFP 方法为起点，60—80 年代是研究拟牛顿方法活跃时期，同时对共轭梯度法也有较好的研究。1970 年，由 Broyden、Fletcher、Goldfarb 和 Shanno 从不同的角度共同提出的 BFGS 方法是目前为止最有效的拟牛顿方法。由于 Broyden、Dennis 和 More 的工作，使得拟牛顿方法的理论变得很完善。70 年代是非线性规划飞速发展的时期，约束变尺度(SQP)方法(Han 和 Powell 为代表)和 Lagrange 乘子法(代表人物是 Powell 和 Hestenes)是这一时期的主要研究成果。计算机的飞速发展使非线性规划的研究如虎添翼。80 年代开始研究信赖域法、稀疏拟牛顿法、大规模问题的方法和并行计算。90 年代研究解非线性规划问题的内点法和有限储存法。20 世纪后半个世纪是最优化发展的黄金时期。

与线性规划相比，非线性规划软件还不够完善。但是已有大量求解非线性规划问题的软件，其中有相当一部分可从互联网上免费下载。LANCELOT 是由 Conn、Gould 和 Toint 研制的解大规模最优化问题的软件包，适合求解无约束最优化、非线性最小二乘、边界约束最优化和一般约束最优化问题。这个软件的基本思想是利用增广 Lagrange 函数来处理约束条件，在每步迭代中解一个边界约束优化子问题，其所用的方法结合了信赖域和投影梯度等技术。MINPACK 是美国 Argonne 国家实验室研制的软件包，适合求解非线性方程组和非线性最小二乘问题，所用的基本方法是阻尼最小二乘法，此软件可以从网上获得。PROCNLP 是 SAS 软件公司研制的 SAS 商业软件中 OR 模块的一个程序，这个程序适合求解无约束最优化、非线性最小二乘、线性约束最优化、二次规划和一般约束最优化问题。TENMIN 是 Schnabel 等研制的解中小规模问题的软件。现在成熟的解非线性最优化问题的软件有：Lingo、CONOPT(非线性规划)、DOT(优化设计工具箱)、Excel and Quattro Pro Solvers(线性、整数和非线性规划)、FSQP(非线性规划和极小极大问题)、GRG2(非线性规划)、LBFGS(有限储存法)、LINDO(线性、二次和混合整数规划)、LSSOL(最小二乘和二次规划)、MINOS(线性和非线性规划)、NLPJOB(非线性多目标规划)、OPTPACK(约束和无约束最优化)、PETS(解非线性方程组和无约束问题的并行算法)、QPOPT(线性和二次规划)、SQOPT(大规模线性和凸二次规划)、SNOPT(大规模线性、二次和非线性规划)、SPRNLP(稀疏最小二乘,稀疏和稠密非线性规划)、SYSFIT(非线性方程组的参数估计)、TENSOLVE(非线性方程组和最小二乘)、VE10(非线性最小二乘)等。

B.2   线性规划

线性规划是在运筹学中应用最广泛的模型之一。由于其理论与方法研究比较成熟,许多问题常借助线性规划模型来求解,而且线性规划为某些非线性规划问题的解法起到间接作用。

B.2.1   线性规划的模型结构

$$
\begin{cases}
\max(\min) \ f = c_1 x_1 + c_2 x_2 + \cdots + c_n x_n \\
\text{s. t.}
\left.
\begin{cases}
a_{11} x_1 + a_{12} x_2 + \cdots + a_{1n} x_n \leqslant (=, \geqslant) b_1 \\
a_{21} x_1 + a_{22} x_2 + \cdots + a_{2n} x_n \leqslant (=, \geqslant) b_2 \\
\vdots \\
a_{m1} x_1 + a_{m2} x_2 + \cdots + a_{mn} x_n \leqslant (=, \geqslant) b_m
\end{cases}
\right\} \\
\qquad x_1, x_2, \cdots, x_n \geqslant 0
\end{cases}
$$

标准形式的可行域是凸集合,凸集合的概念可以参考相关数学书籍。

B.2.2   linprog 函数

linprog 函数在 MATLAB 优化工具箱 Optimization – Toolbox 中,linprog 针对线性函数模型。

$$
\min f^{\mathrm{T}} x \qquad \text{s. t.}
\begin{cases}
A \cdot x \leqslant b \\
Aeq \cdot x = beq \\
lb \leqslant x \leqslant ub
\end{cases}
$$

where $f, x, b, beq, lb,$ and ub are vectors

and A and Aeq are matrices

linprog 函数计算算法:

① 约束优化问题的拉格朗日乘法(即内点法)。该算法介绍本章不讲,可以参看约束规划问题相关章节。

② 单纯形法 Simplex。

Linprog 函数格式如下:

[x,fval,exitflag,output,lambda]=linprog(f,A,b,Aeq,beq,lb,ub,x0,options)

输入参数:

➤ f:目标函数系数向量;

➤ A:不等式约束系数矩阵;

➤ b:不等式约束常数向量;

➤ Aeq:等式约束系数矩阵;

若您对此书内容有任何疑问,可以凭在线交流卡登录MATLAB中文论坛与作者交流。

➤ beq：等式约束常数向量；

➤ lb：x 的可行域下界；

➤ ub：x 的可行域上界；

➤ x0：初始迭代点（这个与 linprog 使用的算法有关）；

➤ options：优化参数设置。

输出参数：

➤ x：线性优化问题最优解；

➤ fval：最优目标函数值；

➤ exitflag：算法停止原因；

➤ output：优化结果的约束信息；

➤ lambda：结果 x 对应的拉格朗日乘子。

输出参数说明如下：

① exitflag：返回算法迭代停止原因。

➤ 1　算法收敛于解 x，即 x 是线性规划的最优解；

➤ 0　算法达到最大迭代次数停止迭代，即 x 不一定是线性规划的最优解；

➤ −2　算法没有找到可行解，即算法求解失败，问题的可行解集合为空；

➤ −3　原问题无界，即最优解可能为正（负）无穷大；

➤ −4　在算法中出现除零问题或其他问题导致变量出现非数值情况；

➤ −5　线性规划的原问题与对偶问题都不可解；

➤ −7　可行搜索方向向量过小，无法再提高最优解质量。

② Lambda：返回解的拉格朗日乘子与约束符合情况。

➤ Lower　求得的解越下界；

➤ Upper　求得的解越上界；

➤ Neqlin　求得的解不满足不等式约束；

➤ Eqlin　求得的解不满足等式约束。

③ Output：返回算法信息。

➤ Algorithm　计算时使用的优化算法；

➤ Cgiterations　共轭梯度迭代次数（只有大规模算法时有）；

➤ iterations　算法迭代次数；

➤ Exit message　返回结束信息。

例 B.1　线性优化问题如下：

$$\min f = -x_1 - x_2 - x_3$$

$$\text{s. t.} \begin{cases} 7x_1 + 3x_2 + 9x_3 \leqslant 1 \\ 8x_1 + 5x_2 + 4x_3 \leqslant 1 \\ 6x_1 + 9x_2 + 5x_3 \leqslant 1 \\ x_1, x_2, x_3 \geqslant 0 \end{cases}$$

使用 $[x, fval, exitflag, output, lambda] = linprog(f, A, b, Aeq, beq, lb, ub)$ 的对应程序 Atest1.m 的代码如下：

```
f = [ -1, -1, -1]                              % 目标函数系数
A = [7, 3, 9; 8, 5, 4; 6, 9, 5];               % 不等式约束的系数矩阵
b = [1, 1, 1]                                   % 不等式约束 Ax<b 中的 b
Aeq = []                                        % 等式约束的系数矩阵(该问题无等式约束,Aeq 为空)
beq = []                                        % 等式约束的 beq(该问题无等式约束,beq 为空)
lb = [0, 0, 0]                                  % 变量的下界
ub = []                                         % 变量的上界(无上界约束,ub 为空)
[x,fval,exitflag,output,lambda] = linprog(f,A,b,Aeq,beq,lb,ub)
```

计算结果输出如下：

```
Optimization terminated. (优化算法计算结束)
x = [0.0870, 0.0356, 0.0316] (最优解)
fval = -0.1542 (最优解对应的函数值)
exitflag = 1 (算法收敛于解 x,即 x 是线性规划的最优解)
output =
iterations: 7 (算法迭代 7 次)
algorithm: 'large - scale: interior point' (使用的算法是内点法)
cgiterations: 0 (共轭梯度迭代 0 次,没有使用共轭梯度迭代)
message: 'Optimization terminated.' (算法正常停止)
lambda =
    ineqlin: [3x1 double]
    eqlin: [0x1 double]
    upper: [3x1 double]
    lower: [3x1 double]
lambda. ineqlin = [0.0593,0.0079,0.087] (符合约束条件)
```

B.3　无约束优化

B.3.1　无约束优化模型结构

无约束优化问题,是指优化问题的可行解集为 R^n,无约束的标准形式为

$$(f)\min f(x)$$

$$f:R^n \rightarrow R$$

本节主要介绍无约束问题的基本思想和 MATLAB 相关函数的调用。对无约束问题的基本结构理论的了解,有利于更有效地使用 MATLAB 相关无约束优化函数。无约束算法的种类繁多,本章重点介绍最速下降法、牛顿法与拟牛顿法(变尺度法)。拟牛顿法是现在公认求解无约束优化问题的最有效的方法。

本章所用 BenchMark 函数为 Banana function：

$$f(x) = 100 \times [x(2) - x(1)^2]^2 + [1 - x(1)]^2$$

Banana function 的最优点为 $[1,1]$,函数对应的最小值为 0。

函数的 MATLAB 表达式为

function f＝BanaFun(x)

f＝100＊(x(2)－x(1)＾2)＾2＋(1－x(1))＾2;

函数图像在[－2,2]×[－1,－3]上的三维图如图 B.1 所示。

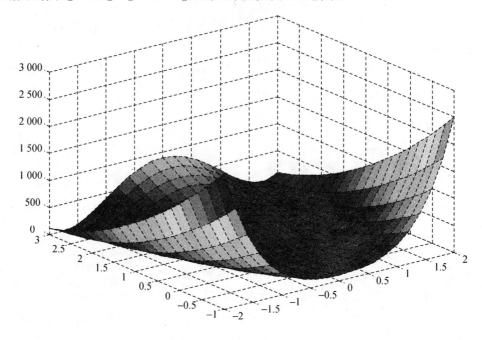

图 B.1　Banana 函数图像

图像对应的 MATLAB 程序如下：

```
axis off;
x = -2:.2:2;
y = -1:.2:3;
[xx,yy] = meshgrid(x,y);
zz = 100 * (yy - xx.^2).^2 + (1 - xx).^2;
surfc(xx,yy,zz);(三维图)
```

或者

```
surface(x,y,zz,'EdgeColor',[.8 .8 .8]);(俯视图)
```

B.3.2　fminsearch 函数

fminsearch 是 MATLAB 中求解无约束问题的函数之一,其使用的算法为可变多面体算法(Nelder - Mead Simplex)。其函数语法为

[x,fval,exitflag,output]＝fminsearch(fun,x0,options)

输入参数：

➤ fun：目标函数；

➤ x0：迭代初始点；

➤ options：函数参数设置。

输出参数：

➤ x：最优点（算法停止点）；

➤ fval：最优点对应的函数值；

➤ exitflag：函数停止信息；

  1　函数收敛正常停止；

  0　迭代次数、目标函数计算次数达到最大数；

  －1　算法被输出函数停止（output）。

➤ output：函数运算信息。

例 B.2　① 目标函数程序 BanaFun.m 的代码如下：

```
function f = BanaFun(x)
f = 100 * (x(2) - x(1)^2)^2 + (1 - x(1))^2;
(Nelder - Mead Simplex)函数不需要导数信息,
```

② 调用函数运算程序 Atest2.m 的代码如下：

```
OPTIONS = optimset('LargeScale','off','MaxFunEvals',250,'display','iter');
x = [- 1.9,2];
[x,fval,exitflag,output] = fminsearch(@BanaFun,x,OPTIONS)
```

注：关于 OPTIONS＝optimset('LargeScale','off','MaxFunEvals',250,'display','iter')，请参考"优化算法参数设置"。

计算结果如下：

Iteration	Func - count	min f(x)	Procedure
0	1	267.62	
1	3	236.42	initial simplex
2	5	67.2672	expand
3	7	12.2776	expand
......			
103	189	3.74217e - 007	contract inside
104	191	3.26526e - 007	contract inside
105	193	8.07652e - 008	contract inside
106	195	1.66554e - 008	contract inside
107	197	1.66554e - 008	contract inside
108	199	1.66554e - 008	contract inside
109	201	5.57089e - 009	contract outside
110	203	1.86825e - 009	contract inside
111	205	1.86825e - 009	contract outside
112	207	5.53435e - 010	contract inside
113	208	5.53435e - 010	reflect
114	210	4.06855e - 010	contract inside

```
Optimization terminated:
the current x satisfies the termination criteria using OPTIONS.TolX of 1.000000e - 004
and F(X) satisfies the convergence criteria using OPTIONS.TolFun of 1.000000e - 004
x =
    1.0000    1.0000
```

若您对此书内容有任何疑问，可以凭在线交流卡登录MATLAB中文论坛与作者交流。

```
fval =
    4.0686e - 010
exitflag =
    1
output =
    iterations: 114
    funcCount: 210
    algorithm: 'Nelder - Mead simplex direct search'
    message: [1x196 char]
```

B.3.3 fminunc 函数

fminunc 函数是 MATLAB 求解无约束优化问题的主要函数,语法如下:

[x,fval,exitflag,output,grad,hessian] = fminunc(fun,x0,options)

输入参数:

➤ fun:目标函数,一般用 M 文件形式给出;

➤ x0:优化算法初始迭代点;

➤ options:参数设置。

输出参数:

➤ x:最优点输出(或最后迭代点);

➤ fval:最优点(或最后迭代点)对应的函数值;

➤ exitflag:函数结束信息(具体参见 MATLAB Help);

➤ output:函数基本信息,包括迭代次数,目标函数最大计算次数,使用的算法名称、计算规模;

➤ grad:最优点(或最后迭代点)的导数;

➤ hessian:最优点(或最后迭代点)的二阶导数。

例 B.3 ① 目标函数程序 BanaFun.m 的代码如下:

```
function f = BanaFun(x)
f = 100 * (x(2) - x(1)^2)^2 + (1 - x(1))^2;
```

② 调用函数运算程序 Atest3.m 的代码如下:

```
OPTIONS = optimset('LargeScale','off','MaxFunEvals',250,'display','iter');
x = [ - 1.9,2];
[x,fval,exitflag,output] = fminunc (@BanaFun,x,OPTIONS)
```

计算结果如下:

Iteration	Func - count	f(x)	First - order Step - size	optimality
0	3	267.62	1.23e + 003	
1	6	214.416	0.000813405	519
......				
33	147	6.24031e - 006	1	0.0863
34	150	4.70753e - 008	1	0.000385

```
Optimization terminated: relative infinity - norm of gradient less than options.TolFun.

x =
    0.9998    0.9996
fval =
    4.7075e - 008
exitflag =
    1
output =
    iterations: 34
    funcCount: 150
    stepsize: 1
  firstorderopt: 3.8497e - 004
    algorithm: 'medium - scale: Quasi - Newton line search'
    message: 'Optimization terminated: relative infinity - norm of gradient less than options.
TolFun.'
```

B.3.4 含参数优化问题

在实际问题中,优化常常在一组参数给定的情况下,对变量函数进行优化,有时这种含参数的优化问题还会在其他算法的迭代过程中出现,例如一般约束算法中都会有以无约束算法为单元的迭代过程。

$$\min_{x} f(x,a) = a_1 x_1^2 + a_2 x_2^2$$

只有在参数 a 给定的条件下计算函数 $f(x,a)$ 的最小点。

例 B.4 ① 目标函数程序的 M 文件 ObjFunWithPara.m 的代码如下:

```
function f = ObjFunWithPara(x,a)
f = a(1) * sin( x(1) ) + a(2) * x(2)^2;
```

② 函数调用函数 Fminunc 应用代码如下:

```
a = [1,1];
x0 = [0,0];
[x,fval,exitflag,output] = fminunc(@(x) ObjFunWithPara(x,a),x0)
```

计算结果如下:

```
Optimization terminated: relative infinity - norm of gradient less than options.TolFun.
x = - 1.5708    0.0000
```

B.4 约束优化算法

约束优化问题是人们在日常生活中遇到最多的数学问题。一般的约束优化问题的求解难度很大,目前还没有一种普遍有效的方法。本节介绍一般约束问题的经典算法类,然后对MATLAB求解约束优化的函数进行详细的介绍。

B.4.1 约束优化模型结构

约束优化问题的标准形式如下：

$$\text{ConOpt}\begin{cases} \min f(x), x \in R^n \\ \text{s. t.} \begin{cases} g_i(x) \leqslant 0, & i = 1, 2, \cdots, m \\ h_j(x) = 0, & j = 1, 2, \cdots, l \end{cases} \end{cases}$$

其中，f、g_i、$h_j : R^n \to R$。

约束优化算法的基本思想是，通过引入效用函数的方法将约束优化问题转换成无约束问题，再利用优化迭代过程不断地更新效用函数，以使得算法收敛。本节中的约束算法主要介绍的是罚函数法和拉格朗日乘子法，其中拉格朗日乘子法是在一般的罚函数法的基础上建立起来的。它引入了拉格朗日乘子，成功地解决了原罚函数法增广目标函数的病态性，即原罚因子趋向无穷大（或零）的病态性质。

B.4.2 fmincon 函数

fmincon 是 MATLAB 最主要内置的求解约束最优化的函数，该函数的优化问题的标准形式为

$$\begin{cases} \min\limits_x f(x) \\ \text{s. t.} \begin{cases} c(x) \leqslant 0 \\ ceq(x) = 0 \\ \boldsymbol{A \cdot x} \leqslant \boldsymbol{b} \\ \boldsymbol{Aeq \cdot x} = \boldsymbol{beq} \\ \boldsymbol{lb} \leqslant \boldsymbol{x} \leqslant \boldsymbol{ub} \end{cases} \end{cases}$$

fmincon 函数使用的约束优化算法都是目前比较普适的有效算法，对于中等的约束优化问题 fmincon 使用序列二次规划 SQP(Sequential Quadratic Programming)算法，对于大规模约束优化问题 fmincon 使用基于内点反射牛顿法的信赖域算法(subspace trust region method and is based on the interior-reflective Newton method)，对于大规模的线性系统使用共轭梯度算法 PCG(Preconditioned Conjugate Gradients)。由于这些算法都具有一定的复杂性，故具体算法这里不再详述。

[x, fval, exitflag, output, lambda, grad, hessian]＝fmincon(fun, x0, A, b, Aeq, beq, lb, ub, nonlcon, options)

输入参数：

➤ fun：目标函数；

➤ x0：初始迭代点；

➤ A：线性不等约束系数矩阵；

➤ b：线性不等式约束的常数向量；

➤ Aeq：线性等约束系数矩阵；

➤ beq：线性等式约束的常数向量；

➤ lb：可行区域下界；

- ➤ ub：可行区域上界；
- ➤ nonlcon：非线性约束；
- ➤ options：优化参数设置。

输出参数：

- ➤ x：最优点（或者结束迭代点）；
- ➤ fval：最优点（或者结束迭代点）对应的函数值；
- ➤ exitflag：迭代停止标识；
- ➤ output：算法输出（算法计算信息等）；
- ➤ lambda：拉格朗日乘子；
- ➤ grad：一阶导数向量；
- ➤ hessian：二阶导数矩阵。

例 B.5　使用具体计算示例说明 fmincon 的具体使用方法，在示例中还将对 fmincon 的使用细节加以说明：

$$\begin{cases} \min f(x) = -x_1 \cdot x_2 \cdot x_3 \\ 0 \leqslant x_1 + 2x_2 + 2x_3 \leqslant 72 \end{cases}$$

① 编写目标函数的 M 文件 confun1.m。代码如下：

```
function f = myfun1(x)
f = - x(1) * x(2) * x(3);
```

② 调用 fmincon 函数的 M 文件 Solveconfun1.m。代码如下：

```
options = optimset('LargeScale','off','display','iter');
% 参数设置使用中等规模算法,显示迭代过程
A = [-1, -2, -2;      % 线性不等式约束系数矩阵
     1, 2, 2];
b = [0;72];           % 线性不等式约束常量向量
x0 = [10,10,10];      % 初始迭代点
[x,fval,exitflag,output,lambda,grad,hessian] = fmincon(@myfun1,x0,A,b,[],[],[],[],[],options)
```

计算结果如下：

Iter	F-count	f(x)	max constraint	Line search steplength	Directional derivative	First-order optimality	Procedure
0	4	-1000	-22				
1	9	-1587.17	-11	0.5	642	584	
2	13	-3323.25	0	1	-1.9e+003	161	
3	21	-3324.69	0	0.0625	146	58.2	Hessian modified
......							
10	49	-3456	0	1	-0.000103	0.0487	
11	53	-3456	0	1	-4.39e-007	0.00247	

Optimization terminated: magnitude of directional derivative in search
direction less than 2 * options.TolFun and maximum constraint violation

```
is less than options.TolCon.
Active inequalities (to within options.TolCon = 1e-006):
   lower     upper     ineqlin     ineqnonlin
               2
x =
   24.0000    12.0000    12.0000
fval =
  - 3.4560e + 003
exitflag =
     5
```

注：exitflag＝5，下降方向的范数小于误差控制范围，正常迭代停止。

B.4.3　含参数的优化问题

一个控制系统要根据环境做优化配置。如果环境变化，原优化方程中的系数就会发生变化，则需要根据新的环境参数重新做优化配置。这个控制系统就会用到含参数的优化问题。

$$\min_x f = \sum_{i=1}^{n} (x(i) - a(i))^2, \qquad n = 5$$

$$\text{s.t.} \sum_{i=1}^{n} x(i) = b$$

$$0 \leqslant x(i) \leqslant 10, \qquad i = 1, 2, \cdots, 5$$

其中，a、b 为参数。

例 B.6　① 编写目标函数 M 文件 confun2.m。代码如下：

```
function f = confun2(x,a)
f = sum((x - a).^2);
% f = (x(1) - a(1))^2 + ... + (x(n) - a(n))^2
```

② 编写约束函数 M 文件 mycon2.m。代码如下：

```
function [c,ceq] = mycon7(x,b)
c = [];
ceq = sum(x) - b;   % 关于 x 非线性等式约束.
```

③ 编写调用 fmincon 的 M 文件 solveconfun2.m。代码如下：

```
options = optimset('LargeScale','off','display','off');
% 参数设置使用中等规模算法,不显示迭代过程
lb = zeros(1,5); % lb = [0,0,...,0]
ub = 10 * ones(1,5); % ub = [10,10,...,10]
a = [1,2,3,4,5]; % 参数 a = [1,2,3,4,5]
b = 15;      % 参数 b = 15
x0 = ones(1,5); % x0 = [1,1,...,1]
[x,fval,exitflag,output] = fmincon(@(x) confun2(x,a), x0, [], [], [], [], lb, ub, ...
@(x)mycon2(x,b), options)
```

计算结果如下：

```
x =
    1.0000   2.0000   3.0000   4.0000   5.0000
fval =
    7.5765e-014
exitflag =
    1
output =
    iterations: 6
    funcCount: 42
    lssteplength: 1
    stepsize: 3.0857e-004
    algorithm: 'medium-scale: SQP, Quasi-Newton, line-search'
    firstorderopt: 5.7251e-007
    message: [1x144 char]
```

B.5　求解方程组

在实际问题中如果已知某几个未知数间的关系，例如方程组，则使用相关的数学理论可以求解出使得方程组成立的未知数的值。

B.5.1　方程组模型结构

$$\begin{cases} f_1(x)=0 \\ f_2(x)=0 \\ \vdots \\ f_n(x)=0 \end{cases} \qquad x=\{x_1,x_2,\cdots,x_n\}$$

注：上述方程组未必有解，也可能解不唯一，具体理论可以参考相关数学理论书籍。方程组求解可以等效转换为如下优化问题。

$$\min F(x)=f_1(x)^2+f_2(x)^2+\cdots+f_n(x)^2$$

B.5.2　fsolve 函数

fsolve 函数是 MATLAB 最主要的内置求解方程组的函数，语法如下：

$[x,fval,exitflag,output,jacobian]=fsolve(fun,x0,options)$

输入参数：

➢ fun：目标函数，一般用 M 文件形式给出；

➢ x0：优化算法初始迭代点；

➢ options：参数设置。

输出参数：

➢ x：最优点（或最后迭代点）输出；

➢ fval：最优点（或最后迭代点）对应的函数值；

➤ exitflag：函数结束信息（具体参见 MATLAB Help）；

➤ output：函数基本信息，包括迭代次数、目标函数最大计算次数、使用的算法名称、计算规模；

➤ jacobian：Jacobian 矩阵。

例 B.7 求解方程组

$$\begin{cases} 2x_1 - x_2 - e^{-x_1} = 0 \\ -x_1 + 2x_2 - e^{-x_2} = 0 \end{cases}$$

① 编写目标函数的 M 文件 Eqfun.m。代码如下：

```
function F = Eqfun(x)
F = [2 * x(1) - x(2) - exp( - x(1));
    - x(1) + 2 * x(2) - exp( - x(2))];
```

② 编写求解函数的 M 文件 SolveEqfun.m。代码如下：

```
x0 = [ - 5; - 5];
options = optimset('Display','iter');
[x,fval] = fsolve(@Eqfun,x0,options)
```

注： "options＝optimset('Display','iter');"显示迭代过程结果。

计算结果如下：

Iteration	Func - count	Norm of f(x)	First - order step	Trust - region optimality	radius
0	3	47071.2		2.29e + 004	1
1	6	12003.4	1	5.75e + 003	1
2	9	3147.02	1	1.47e + 003	1
3	12	854.452	1	388	1
4	15	239.527	1	107	1
5	18	67.0412	1	30.8	1
6	21	16.7042	1	9.05	1
7	24	2.42788	1	2.26	1
8	27	0.032658	0.759511	0.206	2.5
9	30	7.03149e - 006	0.111927	0.00294	2.5
10	33	3.29525e - 013	0.00169132	6.36e - 007	2.5

```
Optimization terminated: first - order optimality is less than options.TolFun.
x =
    0.5671
    0.5671
fval =
  1.0e - 006 *
   - 0.4059
   - 0.4059
```

B.5.3 含参数方程组求解

例 B.8 当 a、b 给定时,求解方程组

$$\begin{cases} ax_1 - x_2 - \mathrm{e}^{-x_1} = 0 \\ -x_1 + bx_2 - \mathrm{e}^{-x_2} = 0 \end{cases}$$

① 编写目标函数的 M 文件 CEqfun.m。代码如下：

```
function F = CEqfun(x,a,b)
F = [a * x(1) - x(2) - exp(- x(1));
     - x(1) + b * x(2) - exp(- x(2))];
```

② 编写求解函数的 M 文件 SolveEqfun.m。代码如下：

```
x0 = [- 5; - 5];
a = 2;
b = 2;
options = optimset('Display',' iter');
[x,fval] = fsolve(@(x) CEqfun(x,a,b),x0,options)
```

计算结果如下：

```
Optimization terminated: first - order optimality is less than options.TolFun.
x =
    0.5671
    0.5671
fval =
  1.0e - 006 *
   - 0.4059
   - 0.4059
```

B.6　优化工具箱参数设置

B.6.1　优化工具箱参数说明

优化工具箱参数设置说明格式如下：

序号　参数名称

　　　参数描述

　　　计算规模

　　　与该参数有关的 MATLAB 优化函数

1. BranchStrategy　分支选择策略

　　参数描述：整数规划分支变量选择

　　计算规模：M 中等规模计算

　　相关函数：bintprog 整数规划函数

2. DerivativeCheck　导数检验

　　参数描述：对有限的导数(梯度或 Jacobian 矩阵)进行分析

　　计算规模：中等规模或大规模计算

　　相关函数：fgoalattain、fmincon、fminimax、fminunc、fseminf、fsolve、lsqcurvefit、

若您对此书内容有任何疑问，可以凭在线交流卡登录 MATLAB 中文论坛与作者交流。

lsqnonlin 无约束优化、约束优化等相关优化函数

3. Diagnostics　诊断结果

参数描述：输出函数最小化或求解的诊断信息

计算规模：B 中等规模或大规模计算

相关函数：除 fminbnd、fminsearch、fzero、lsqnonneg 的所有优化函数

4. DiffMaxChange　导数最大变化

参数描述：有限导数的变量最大变化，即如果导数超过该值程序报错

计算规模：M 中等规模计算

相关函数：fgoalattain、fmincon、fminimax、fminunc、fseminf、fsolve、lsqcurvefit、lsqnonlin

5. DiffMinChange　导数最小变化

参数描述：有限导数的变量最小变化

计算规模：M 中等规模计算

相关函数：fgoalattain、fmincon、fminimax、fminunc、fseminf、fsolve、lsqcurvefit、lsqnonlin

6. Display　计算过程输出

参数描述：Off：关闭计算过程输出

　　　　　Iter：输出每次迭代结果

　　　　　Final：只输出最后结果

　　　　　Notify：当算法不收敛的时候输出结果

计算规模：中等规模或大规模计算

相关函数：使用于 Optimization 的所有优化算法

7. FunValCheck　函数值检验

参数描述：检查函数值是否适合，如果是 NaN，Inf 则是不适合

计算规模：中等规模或大规模计算

相关函数：fgoalattain、fminbnd、fmincon、fminimax、fminsearch、fminunc、fseminf、fsolve、fzero、lsqcurvefit、lsqnonlin

8. GoalsExactAchieve

参数描述：Specify the number of objectives required for the objective fun to equal the goal. Objectives should be partitioned into the first few elements of F.

计算规模：M 中等规模计算

相关函数：fgoalattain

9. GradConstr　约束函数梯度

参数描述：使用者给出的非线性约束函数梯度

计算规模：M 中等规模计算

相关函数：fgoalattain、fmincon、fminimax 目标优化、最大最小问题、约束最优化

10. GradObj　目标函数梯度

参数描述：使用者给出的目标函数梯度

计算规模：中等规模或大规模计算

相关函数：fgoalattain、fmincon、fminimax、fminunc

11. fseminfHessian　Hessian 阵选取参数

参数描述：fseminfHessian 'no'：使用用户定义的 Hessian 阵

计算规模：L 大规模计算

相关函数：fmincon 约束优化函数

12. fminuncHessMult　函数 fminunc 的 Hess 乘子

参数描述：使用用户定义的 Hess 乘子

计算规模：L 大规模计算

相关函数：fmincon、fminunc

13. quadprogHessPattern　函数 quadprog 的 Hess 伴随矩阵

参数描述：使用用户定义的 Hess 伴随矩阵

计算规模：L 大规模计算

相关函数：fmincon

14. fminuncHessUpdate　函数 fminunc 的 Hess 阵的更新策略

参数描述：拟牛顿法的 Hess 阵的更新策略，如 DFP、BFGS 等

计算规模：M 中等规模计算

相关函数：fminunc 无约束优化

15. InitialHessMatrix　初始 Hess 阵

参数描述：拟牛顿法的初始 Hess 阵

计算规模：M 中等规模计算

相关函数：fminunc 无约束最优化

16. InitialHessType　初始 Hess 阵类型

参数描述：拟牛顿法的初始 Hess 阵类型

计算规模：M 中等规模计算

相关函数：fminunc 无约束优化

17. Jacobian　Jacobian 矩阵

参数描述：使用用户定义的 Jacobian 矩阵

计算规模：B 中等规模或大规模计算

相关函数：fsolve、lsqcurvefit、lsqnonlin

18. JacobMult　Jacobian 矩阵乘子

参数描述：使用用户定义的 Jacobian 矩阵乘子

计算规模：L 大规模计算

相关函数：solve、lsqcurvefit、lsqlin、lsqnonlin

19. JacobPattern　Jacobian 伴随矩阵

参数描述：使用用户定义的 Jacobian 伴随矩阵

计算规模：L 大规模计算

相关函数：fsolve、lsqcurvefit、lsqnonlin

20. LargeScale　大规模模式

参数描述：必要的时候使用大规模算法

计算规模：B 中等规模或大规模计算

相关函数：fmincon、fminunc、fsolve、linprog、lsqcurvefit、lsqlin、lsqnonlin、quadprog

21. LevenbergMarquardt　LevenbergMarquardt 算法

参数描述：'on'：使用 LevenbergMarquardt 算法代替 Gauss - Newton 算法

'off'：默认使用 Gauss - Newton 算法

计算规模：M 中等规模计算

相关函数：lsqcurvefit、lsqnonlin

22. LineSearchType　线性搜索方式

参数描述：线性搜索方式选择

计算规模：M 中等规模计算

相关函数：fsolve、lsqcurvefit、lsqnonlin

23. MaxFunEvals　最大目标函数计算次数

参数描述：最大允许目标函数计算次数

计算规模：B 中等规模或大规模计算

相关函数：fgoalattain、fminbnd、fmincon、fminimax、fminsearch、fminunc、fseminf、fsolve、lsqcurvefit、lsqnonlin

24. MaxIter　最大迭代次数

参数描述：最大允许迭代次数

计算规模：B 中等规模或大规模计算

相关函数：All but fzero and lsqnonneg

25. MaxNodes　最大节点数（整数规划）

参数描述：最大允许最大节点数

计算规模：M 中等规模计算

相关函数：bintprog 整数规划

26. MaxPCGIter　最大共轭梯度迭代

参数描述：最大允许共轭梯度迭代

计算规模：L 大规模计算

相关函数：fmincon、fminunc、fsolve、lsqcurvefit、lsqlin、lsqnonlin、quadprog

27. MaxRLPIter　最大线性规划迭代次数（整数规划）

参数描述：最大允许线性规划迭代次数

计算规模：M 中等规模计算

相关函数：bintprog

28. MaxSQPIter　最大序列二次规划次数

参数描述：最大允许序列二次规划次数

计算规模：M 中等规模计算

相关函数：fmincon

29. MaxTime　函数最大计算时间

参数描述：函数允许最大计算时间

计算规模：M 中等规模计算

相关函数：bintprog 整数规划

30. MeritFunction   价值函数

　　参数描述：多目标价值函数选择

　　计算规模：M 中等计算规模

　　相关函数：fgoalattain、fminimax

31. NonlEqnAlgorithm   非线性等式算法

　　参数描述：'dogleg'：Trust – region dogleg algorithm（default）（默认）信赖域法

　　　　　　　　　'lm'：Levenberg – Marquardt   Levenberg – Marquardt 法

　　　　　　　　　'gn'：Gauss – Newton   高斯牛顿法

　　计算规模：M 中等计算规模

　　相关函数：fsolve

32. OutputFcn   输出函数

　　参数描述：输出每次迭代目标函数值

　　计算规模：B 中等规模或大规模计算

　　相关函数：fgoalattain、fmincon、fminimax、fminunc、fseminf、fsolve、lsqcurvefit、lsqnonlin

33. RelLineSrchBnd   线性搜索步长

　　参数描述：使用线性搜索步长

　　计算规模：M 中等规模计算

　　相关函数：fgoalattain、fmincon、fminimax、fseminf

34. Simplex   单纯形法

　　参数描述：是否使用单纯行法

　　计算规模：M 中等规模计算

　　相关函数：linprog 线性规划

35. TolCon   约束误差控制范围

　　参数描述：约束误差控制范围，如 $1e-8$

　　计算规模：B 中等规模或大规模计算

　　相关函数：bintprog、fgoalattain、fmincon、fminimax、fseminf

36. TolFun   目标函数误差控制范围

　　参数描述：目标函数误差控制范围，如 $1e-8$

　　计算规模：B 中等规模或大规模计算

　　相关函数：bintprog、fgoalattain、fmincon、fminimax、fminsearch、fminunc、fseminf、

　　　　　　　　　fsolve、linprog（large – scale only）、lsqcurvefit、lsqlin（large – scale only）、

　　　　　　　　　lsqnonlin、quadprog（large – scale only）

B.6.2   优化工具箱参数设置方法

设置函数为

options＝optimset('param1',value1,'param2',value2,…)

设置参数格式：

A. Optimization options used by both large – scale and medium – scale algorithms：大规模或中等规模计算使用的参数设置

1. DerivativeCheck 'on' | {'off'}

2. Diagnostics 'on' | {'off'}Display 'off' | 'iter' | 'final' | 'notify'

3. FunValCheck {'off'} | 'on'GradObj 'on' | {'off'}Jacobian 'on' | {'off'}

4. LargeScale 'on' | 'off'. The default for fsolve is 'off'. 算法函数默认都是 on，开启大规模算法

5. MaxFunEvals Positive integer 正整数

6. MaxIter Positive integer 正整数

7. OutputFcn Specify a user − defined function that an optimization function calls at each iteration. See Output Function.

8. TolCon Positive scalar

9. TolFun Positive scalar

10. TolX Positive scalar

11. TypicalX Vector of all ones

B. Optimization options used by large − scale algorithms only：仅限大规模计算使用的参数设置

1. Hessian 'on' | {'off'}

2. HessMultFunction | {[]}

3. HessPattern Sparse matrix |{sparse matrix of all ones}

4. InitialHessMatrix {'identity'} | 'scaled − identity' | 'user − supplied'

5. InitialHessType scalar | vector | {[]}

6. JacobMult Function | {[]}

7. JacobPattern Sparse matrix |{sparse matrix of all ones} 稀疏矩阵

8. MaxPCGIter Positive integer | {the greater of 1 and floor(n/2)}} where n is the number of elements in x0，the starting point

9. PrecondBandWidth Positive integer | {0} | Inf

10. TolPCG Positive scalar | {0.1}

C. Optimization options used by medium − scale algorithms only：仅限中等规模计算使用的参数设置

1. BranchStrategy 'mininfeas' | {'maxinfeas'}

2. DiffMaxChange Positive scalar | {1e − 1}

3. DiffMinChange Positive scalar | {1e − 8}

4. GoalsExactAchieve Positive scalar integer | {0}

5. GradConstr 'on' | {'off'}

6. HessUpdate {'bfgs'} | 'dfp' | 'steepdesc'

7. LevenbergMarquardt 'on' | {'off'}

8. LineSearchType 'cubicpoly' | {'quadcubic'}

9. MaxNodes Positive scalar | {1000 ∗ NumberOfVariables}

10. MaxRLPIter Positive scalar | {100 ∗ NumberOfVariables}

11. MaxSQPIter Positive integer

12. MaxTime Positive scalar | {7200} MeritFunction 'singleobj' | {'multiobj'}

13. MinAbsMax Positive scalar integer | {0}

14. NodeDisplayInterval Positive scalar | {20}

15. NodeSearchStrategy 'df' | {'bn'}

16. NonlEqnAlgorithm {'dogleg'} | 'lm' | 'gn', where 'lm' is Levenburg – Marquardt and 'gn' is Gauss – Newton.

17. RelLineSrchBnd Real nonnegative scalar | {[]}

18. RelLineSrchBndDuration Positive integer | {1}

19. Simplex When you set 'Simplex' to 'on' and 'LargeScale' to 'off', fmincon uses the simplex algorithm to solve a contrained linear programming problem.

20. TolRLPFun Positive scalar | {1e – 6}

21. TolXInteger Positive scalar | {1e – 8}

B.6.3　参数设置实例演示

① 输出算法迭代过程,目标函数误差控制范围 1e – 8(即 0.000 000 01)。

设置方法为 options＝optimset('Display','iter','TolFun',1e – 8)。

② 变量 X 的误差控制范围修改为 1e – 4(即 0.000 1)。

设置方法为 optnew＝optimset(options,'TolX',1e – 4)。

附录 C

MATLAB 遗传算法工具箱

C.1　遗传算法概要

C.1.1　遗传算法模型

对于一个求解函数最大值的优化问题，一般可描述为下述数学规划模型：

$$\begin{cases} \max f(\boldsymbol{X}) \\ \text{s. t.}\ \ \boldsymbol{X} \in \boldsymbol{R} \\ \boldsymbol{R} \subseteq \boldsymbol{U} \end{cases}$$

其中，$\boldsymbol{X}=[x_1,x_2,\cdots,x_n]^{\mathrm{T}}$ 为决策变量，$f(\boldsymbol{X})$ 为目标函数，$\boldsymbol{U}$ 是基本空间，$\boldsymbol{R}$ 是 $\boldsymbol{U}$ 的一个子集。

遗传算法中，将 n 维决策向量 $\boldsymbol{X}=[x_1,x_2,\cdots,x_n]^{\mathrm{T}}$ 用 n 个记号 $\boldsymbol{X}_i(i=1,2,\cdots,n)$ 所组成的符号串 $\boldsymbol{X}$ 来表示：

$$\boldsymbol{X} = \boldsymbol{X}_1\boldsymbol{X}_2\cdots\boldsymbol{X}_n \Rightarrow \boldsymbol{X} = [x_1,x_2,\cdots,x_n]^{\mathrm{T}}$$

把每一个 $\boldsymbol{X}_i$ 看作一个遗传基因，它的所有可能取值称为等位基因，这样，$\boldsymbol{X}$ 就可看作是由 n 个遗传基因所组成的一个染色体。染色体的长度可以是固定的，也可以是变化的。等位基因可以是一组整数，也可以是某一范围内的实数值，或者是记号。最简单的等位基因是由 0 和 1 这两个整数组成的，相应的染色体就可表示为一个二进制符号串。这种编码所形成的排列形式 $\boldsymbol{X}$ 是个体的基因型，与它对应的 $\boldsymbol{X}$ 值是个体的表现型。染色体 $\boldsymbol{X}$ 也称为个体 $\boldsymbol{X}$，对于每一个个体 $\boldsymbol{X}$，要按照一定的规则确定出其适应度。个体的适应度与其对应的个体表现型 $\boldsymbol{X}$ 的目标函数值相关联，$\boldsymbol{X}$ 越接近于目标函数的最优点，其适应度越大；反之，其适应度越小。

遗传算法中，决策变量 $\boldsymbol{X}$ 组成了问题的解空间。对问题最优解的搜索是通过对染色体 $\boldsymbol{X}$ 的搜索过程来进行的，从而由所有的染色体 $\boldsymbol{X}$ 就组成了问题的搜索空间。

生物的进化是以集团为主体的。与此相对应，遗传算法的运算对象是由 M 个个体所组成的集合，称为群体。与生物一代一代的自然进化过程相似，遗传算法的运算过程也是一个反复迭代过程，第 t 代群体记做 $P(t)$，经过一代遗传和进化后，得到第 $t+1$ 代群体，它们也是由多个个体组成的集合，记做 $P(t+1)$。这个群体不断地经过遗传和进化操作，并且每次都按照优胜劣汰的规则将适应度较高的个体更多地遗传到下一代，这样最终在群体中将会得到一个优良的个体 $\boldsymbol{X}$，它所对应的表现型 $\boldsymbol{X}$ 将达到或接近于问题的最优解。

生物的进化过程主要是通过染色体之间的交叉和染色体的变异来完成的。遗传算法中最优解的搜索过程也模仿生物的这个进化过程，使用所谓的遗传算子（genetic operators）作用于群体 $P(t)$ 中，进行下述遗传操作，从而得到新一代群体 $P(t+1)$。

① 选择（selection）：根据各个个体的适应度，按照一定的规则或方法，从第 t 代群体 $P(t)$ 中选择出一些优良的个体遗传到下一代群体 $P(t+1)$ 中。

② 交叉(crossover)：将群体 $P(t)$ 内的各个个体随机搭配成对，对每一个个体，以某个概率(称为交叉概率，crossover rate)交换它们之间的部分染色体。

③ 变异(mutation)：对群体 $P(t)$ 中的每一个个体，以某一概率(称为变异概率，mutation rate)改变某一个或一些基因座上基因值为其他的等位基因。

C.1.2　遗传算法的特点

遗传算法是一类可用于复杂系统优化计算的鲁棒搜索算法，与其他一些优化算法相比，主要有下述几个特点：

① 遗传算法以决策变量的编码作为运算对象。传统的优化算法往往直接利用决策变量的实际值本身进行优化计算，但遗传算法不是直接以决策变量的值，而是以决策变量的某种形式的编码为运算对象，从而可以很方便地引入和应用遗传操作算子。

② 遗传算法直接以目标函数值作为搜索信息。传统的优化算法往往不只需要目标函数值，还需要目标函数的导数等其他信息。这样对许多目标函数无法求导或很难求导的函数，遗传算法就比较方便。

③ 遗传算法同时进行解空间的多点搜索。传统的优化算法往往从解空间的一个初始点开始搜索，这样容易陷入局部极值点。遗传算法进行群体搜索，而且在搜索的过程中引入遗传运算，使群体又可以不断进化。这些是遗传算法所特有的一种隐含并行性。

④ 遗传算法使用概率搜索技术。遗传算法属于一种自适应概率搜索技术，其选择、交叉、变异等运算都是以一种概率的方式来进行的，从而增加了其搜索过程的灵活性。实践和理论都已证明了在一定条件下遗传算法总是以概率 1 收敛于问题的最优解。

C.1.3　遗传算法的发展

20 世纪 60 年代，美国密执安大学的 Holland 教授及其学生们受到生物模拟技术的启发，创造出了一种基于生物遗传和进化机制的适合于复杂系统计算优化的自适应概率优化技术——遗传算法。下面是在遗传算法的发展进程中一些关键人物所做出的一些主要贡献。

1. J. H. Holland

20 世纪 60 年代，Holland 认识到了生物的遗传和自然进化现象与人工自适应系统的相似关系，运用生物遗传和进化的思想来研究自然和人工自适应系统的生成以及它们与环境的关系，提出在研究和设计人工自适应系统时，可以借鉴生物遗传的机制，以群体的方法进行自适应搜索，并且充分认识到了交叉、变异等运算策略在自适应系统中的重要性。

20 世纪 70 年代，Holland 提出了遗传算法的基本定理——模式定理(Schema Theorem)，奠定了遗传算法的理论基础。1975 年，Holland 出版了第一本系统论述遗传算法和人工自适应系统的专著《自然系统和人工系统的自适应性》(*Adaptation in Natural and Artificial Systems*)。

20 世纪 80 年代，Holland 实现了第一个基于遗传算法的机器学习系统——分类器系统，开创了基于遗传算法学习的新概念，为分类器系统构造出了一个完整的框架。

2. J. D. Bagley

1967 年，Holland 的学生 Bagley 在其博士论文中首次提出了"遗传算法"一词，并发表了遗传算法应用方面的第一篇论文。他发展了复制、交叉、变异、显性、倒位等遗传算子，在个体

若您对此书内容有任何疑问，可以凭在线交流卡登录 MATLAB 中文论坛与作者交流。

编码上使用了双倍体的编码方法。这些都与目前遗传算法中所使用的算子和方法类似。他还敏锐地意识到了在遗传算法执行的不同阶段可以使用不同的选择率,这将有利于防止遗传算法的早熟现象,从而创立了自适应遗传算法的概念。

3. K. A. De Jong

1975 年,De Jong 在其博士论文中结合模式定理进行了大量的纯数值函数优化计算实验,树立了遗传算法的工作框架,得到了一些重要且具有指导意义的结论。他推荐了在大多数优化问题中都比较适用的遗传算法参数,还建立了著名的 De Jong 函数测试平台,定义了评价遗传算法性能的在线指标和离线指标。

4. D. J. Goldberg

1989 年,Goldberg 出版了专著《搜索、优化和机器学习中的遗传算法》。该书系统总结了遗传算法的主要研究成果,全面而完整地论述了遗传算法的基本原理及其应用。

5. L. Davis

1991 年,Davis 编辑出版了《遗传算法手册》,书中包含了遗传算法在科学计算、工程技术和社会经济中的大量应用实例,该书为推广和普及遗传算法的应用起到了重要的指导作用。

6. J. R. Koza

1992 年,Koza 将遗传算法应用于计算机程序的优化设计及自动生成,提出了遗传编程的概念。Koza 成功地将提出的遗传编程方法应用于人工智能、机器学习、符号处理等方面。

C.1.4 遗传算法的应用

遗传算法提供了一种求解复杂系统优化问题的通用框架,它不依赖于问题的具体领域,对问题的种类有很强的鲁棒性,所以广泛应用于很多学科。下面列举一些遗传算法的主要应用领域。

① 函数优化。函数优化是遗传算法的经典应用领域,也是对遗传算法进行性能测试评价的常用算例。对于一些非线性、多模型、多目标的函数优化问题,用其他优化方法较难求解,而遗传算法却可以方便地得到较好的结果。

② 组合优化。遗传算法是寻求组合优化问题满意解的最佳工具之一,实践证明,遗传算法对于组合优化问题中的 NP 完全问题非常有效。

③ 生产调度问题。生产调度问题在很多情况下所建立起来的数学模型难以精确求解,即使经过一些简化之后可以进行求解也会因简化得太多而使求解结果与实际相差太远。现在遗传算法已经成为解决复杂调度问题的有效工具。

④ 自动控制。遗传算法已经在自动控制领域中得到了很好的应用,例如基于遗传算法的模糊控制器的优化设计、基于遗传算法的参数辨识、基于遗传算法的模糊控制规则的学习、利用遗传算法进行人工神经网络的结构优化设计和权值学习等。

⑤ 机器人学。机器人是一类复杂的难以精确建模的人工系统,而遗传算法的起源就来自于对人工自适应系统的研究,所以机器人学自然成为遗传算法的一个重要应用领域。

⑥ 图像处理。图像处理是计算机视觉中的一个重要研究领域。在图像处理过程中,如扫描、特征提取、图像分割等不可避免地存在一些误差,这些误差会影响图像处理的效果。如何使这些误差最小是使计算机视觉达到实用化的重要要求,遗传算法在这些图像处理中的优化计算方面得到了很好的应用。

⑦ 人工生命。人工生命是用计算机、机械等人工媒体模拟或构造出的具有自然生物系统特有行为的人造系统。自组织能力和自学习能力是人工生命的两大重要特征。人工生命与遗传算法有着密切的关系,基于遗传算法的进化模型是研究人工生命现象的重要理论基础。

⑧ 遗传编程。Koza 发展了遗传编程的概念,他使用了以 LISP 语言所表示的编码方法,基于对一种树形结构所进行的遗传操作来自动生成计算机程序。

⑨ 机器学习。基于遗传算法的机器学习,在很多领域中都得到了应用。例如基于遗传算法的机器学习可用来调整人工神经网络的连接权,也可以用于人工神经网络的网络结构优化设计。

C.1.5　基本遗传算法

基本遗传算法(Simple Genetic Algorithms,简称 SGA)是一种统一的最基本的遗传算法,它只使用选择、交叉、变异这三种基本遗传算子,其遗传进化操作过程简单,容易理解,是其他一些遗传算法的雏形和基础,它不仅给各种遗传算法提供了一个基本框架,同时也具有一定的应用价值。

1. 基本遗传算法的构成要素

① 染色体编码方法。基本遗传算法使用固定长度的二进制符号串来表示群体中的个体,其等位基因是由二值符号集 $\{0,1\}$ 所组成的。初始群体中各个个体的基因值可用均匀分布的随机数来生成。

② 个体适应度评价。基本遗传算法按与个体适应度成正比的概率来决定当前群体中每个个体遗传到下一代群体中的机会有多少。为正确计算这个概率,这里要求所有个体的适应度必须为正数或零。

③ 遗传算子。基本遗传算法使用下述三种遗传算子:选择运算使用比例选择算子、交叉运算使用单点交叉算子、变异运算使用基本位变异算子或均匀变异算子。

④ 基本遗传算法的运行参数。基本遗传算法有下述 4 个运行参数需要提前设定:群体大小 M,即群体中所含个体数目,一般取为 $20\sim100$;遗传运算的终止进化代数 T,一般取为 $100\sim500$;交叉概率 P_c,一般取为 $0.4\sim0.99$;变异概率 P_m,一般取为 $0.0001\sim0.1$。

⑤ 基本遗传算法的形式化定义。基本遗传算法可定义为一个 8 元组:

$$SGA = (C,E,P_0,M,\Phi,\Gamma,\Psi,T)$$

其中,C——个体的编码方法;

E——个体适应度评价函数;

P_0——初始群体;

M——群体大小;

Φ——选择算子;

Γ——交叉算子;

Ψ——变异算子;

T——遗传运算终止条件。

2. 基本遗传算法的实现

(1) 个体适应度评价

在遗传算法中,以个体适应度的大小来确定该个体被遗传到下一代群体中的概率。个体

若您对此书内容有任何疑问,可以凭在线交流卡登录 MATLAB 中文论坛与作者交流。

适应度越大,该个体被遗传到下一代的概率也越大;反之,个体的适应度越小,该个体被遗传到下一代的概率也越小。基本遗传算法使用比例选择算子来确定群体中各个个体遗传到下一代群体中的数量。为正确计算不同情况下各个个体的遗传概率,要求所有个体的适应度必须为正数或零,不能是负数。

为满足适应度取非负值的要求,基本遗传算法一般采用下面两种方法之一将目标函数值 $f(x)$ 变换为个体的适应度 $F(x)$。

方法 1:对于目标函数是求极大化,方法为

$$F(X) = \begin{cases} f(X) + C_{\min}, & f(X) + C_{\min} > 0 \\ 0, & f(X) + C_{\min} \leqslant 0 \end{cases}$$

其中,$C_{\min}$ 为一个适当的相对比较小的数,它可用下面几种方法之一来选取:预先指定的一个较小的数;进化到当前代为止的最小目标函数值;当前代或最近几代群体中的最小目标值。

方法 2:对于求目标函数最小值的优化问题,变换方法为

$$F(X) = \begin{cases} C_{\max} - f(X), & f(X) < C_{\max} \\ 0, & f(X) \geqslant C_{\max} \end{cases}$$

其中,$C_{\max}$ 为一个适当的相对比较大的数,它可用下面几种方法之一来选取:预先指定的一个较大的数;进化到当前代为止的最大目标函数值;当前代或最近几代群体中的最大目标值。

（2）比例选择算子

比例选择实际上是一种有退还随机选择,也叫做赌盘或轮盘赌（Roulette Wheel）选择,因为这种选择方式与赌博中的赌盘操作原理非常相似。

比例选择算子的具体执行过程是:先计算出群体中所有个体的适应度之和;其次计算出每个个体的相对适应度的大小,此值即为各个个体被遗传到下一代群体中的概率;最后再使用模拟赌盘操作（即 0 到 1 之间的随机数）来确定各个个体被选中的次数。

（3）单点交叉算子

单点交叉算子是最常用和最基本的交叉操作算子。单点交叉算子的具体执行过程如下:对群体中的个体进行两两随机配对;对每一对相互配对的个体,随机设置某一基因座之后的位置为交叉点;对每一对相互配对的个体,以设定的交叉概率 P_c 在其交叉点处相互交换两个个体的部分染色体,从而产生出两个新个体。

（4）基本位变异算子

基本位变异算子的具体执行过程为:对个体的每一个基因座,依变异概率 P_m 指定其为变异点;对每一个指定的变异点,对其基因值做取反运算或用其他等位基因值来代替,从而产生出一个新的个体。

3. 遗传算法的应用步骤

遗传算法提供了一种求解复杂系统优化问题的通用框架。对于具体问题,可按下述步骤来构造:

① 确定决策变量及其各种约束条件,即确定出个体的表现型 X 和问题的解空间;

② 建立优化模型,即描述出目标函数的类型及其数学描述形式或量化方法;

③ 确定表示可行解的染色体编码方法,即确定出个体的基因型 X 及遗传算法的搜索空间;

④ 确定解码方法,即确定出由个体基因型 X 到个体表现型 X 的对应关系或转换方法;

⑤ 确定个体适应度的量化评价方法,即确定出由目标函数值 $f(x)$ 到个体适应度 $F(x)$ 的转换规则;

⑥ 设计遗传算子,即确定出选择运算、交叉运算、变异运算等遗传算子的具体操作方法;

⑦ 确定遗传算法的有关运行参数,即确定出遗传算法的 M, T, P_c、P_m 等参数。

C. 2　Genetic Algorithm Toolbox

C. 2. 1　函数概述

遗传算法通过不同的编码方式,不同的进化策略可以求解多类型的优化问题。MATLAB 专门提供了遗传算法与直接搜索工具箱(Genetic Algorithm and Direct Search Toolbox),为了用户使用方便,还设计了用户界面(GUI)。本节只对其中的 Genetic Algorithm Toolbox 进行介绍。

在命令窗口下输入 Gatool,调用 MATLAB 的 Genetic Algorithm Toolbox GUI 用户界面,如图 C.1 所示。

```
>> Gatool
```

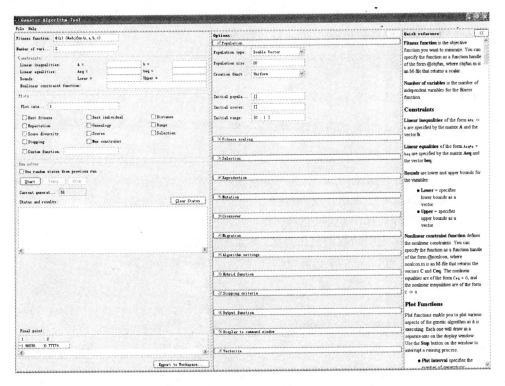

图 C. 1　遗传算法工具箱界面

Genetic Algorithm toolbox 计算标准形式为

$$\begin{cases} \min\limits_{x} f(x) \\ \text{s. t.} \begin{cases} c(x) \leqslant 0 \\ \mathbf{ceq}(x) = 0 \\ \mathbf{A} \cdot \mathbf{x} \leqslant \mathbf{b} \\ \mathbf{Aeq} \cdot \mathbf{x} = \mathbf{beq} \\ \mathbf{lb} \leqslant \mathbf{x} \leqslant \mathbf{ub} \end{cases} \end{cases}$$

其中，x、b、beq、lb、ub 为向量，A 与 Aeq 为矩阵，$f(x)$ 为目标函数，$c(x)$、$ceq(x)$ 为非线性约束，$A \cdot x \leqslant b$，$Aeq \cdot x = beq$ 为线性约束，$lb \leqslant x \leqslant ub$ 为可行解的区间约束。Genetic Algorithm 是启发式算法，算法对目标函数与约束函数的函数性质没有特别要求。

C.2.2　GA 函数使用说明

MATLAB 使用 GA 函数执行遗传算法，语法为：
[x, fval, exitflag] = ga(fitnessfcn, nvars, A, b, Aeq, beq, lb, ub, nonlcon, options)
输入参数：
➤ fitnessfcn：适应度函数；
➤ nvars：函数变量个数；
➤ A：线性不等约束系数矩阵；
➤ b：线性不等式约束的常数向量；
➤ Aeq：线性等式约束系数矩阵；
➤ beq：线性等式约束的常数向量；
➤ lb：可行区域下界；
➤ ub：可行区域上界；
➤ nonlcon：非线性约束；
➤ options：优化参数设置。
输出参数：
➤ x：最优点（或者结束迭代点）；
➤ fval：最优点（或者结束迭代点）对应的函数值；
➤ exitflag：迭代停止标识。
下面将用示例具体说明函数的使用方法（例如优化问题）：
$$\min f = (1 - x_1^2 + x_1^{4/3}) x_1^2 + x_1 x_2 + (x_2^2 - 1) x_2^2$$
$$\text{s. t.} \begin{cases} x_1^2 + x_2^2 \leqslant 1 \\ x_1 + x_2 = 2 \end{cases}$$

① 编写目标函数的 M 文件 GAobjfun1.m。

```
function f = GAobjfun1(x)
f = (1 - x(1)^2 + x(1)^4/3) * x(1)^2 + x(1) * x(2) + ( -1 + x(2)^2) * x(2)^2;
```

② 编写约束函数的 M 文件 GaConfun.m。

```
function [c,ceq] = GaConfun(x);
c = x(1)^2 + x(2)^2 - 1;（不等式约束）
ceq = x(1) + x(1) - 2;　（等式约束）
```

③ 在 MATLAB 的命令窗口（command window）输入 gatool 调用 Genetic Algorithm Tool，如图 C.2 所示。

图 C.2　调用遗传算法工具箱的方法示意图

④ 输入目标函数与约束条件，如图 C.3 所示。

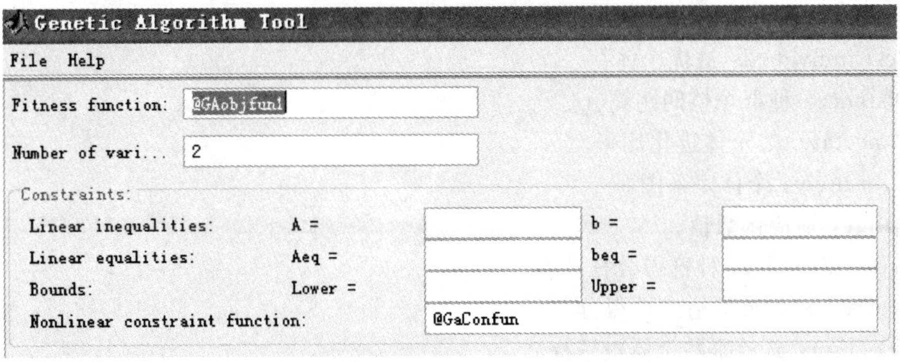

图 C.3　输入目标函数与约束条件示意图

➢ fitness function：适应函数，即目标函数。

　输入：@GAobjfun1　（目标函数的 M 文件函数名）

➢ Numer of vari：变量个数，即优化问题中变量个数。

　输入：2　（示例问题的变量个数为 2）

➢ Linear inequalities：线性不等式约束。

　A：线性不等式约束系数矩阵　　　b：线性不等式约束常数项

➢ Linear equalities：线性等式约束。

　Aeq：线性等约束系数矩阵　　　beq：线性等约束常数项

➢ Bounds：变量可行范围。

　Lower：下界　　　Upper：上界

➢ Nonlinear constraint function：不等式约束（等式约束也可以用函数的形式给出）。

若您对此书内容有任何疑问，可以凭在线交流卡登录MATLAB中文论坛与作者交流。

159

输入：@GaConfun　　（约束函数 M 文件函数名称）

输入方法1：直接输入数值矩阵（例如[1,2,…,4]）。

输入方法2：在 command window 下定义 A,…,Upper,在操作界面(GUI)对应的位置直接输入参数名称。

如果空着,表示没有相应的约束。

⑤ 迭代过程函数图（如图 C.4 所示）。

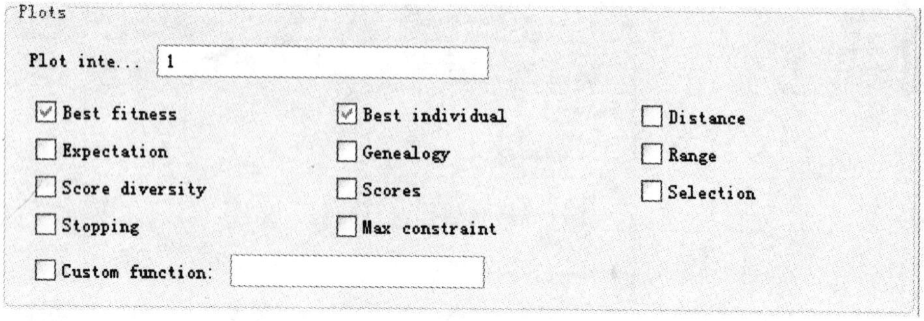

图 C.4　迭代过程函数图

➤ Plot inte：图像更新频率。

　　输入：1　表示算法每迭代一次图像更新一次

➤ Best fitness：最优结果图像。

➤ Best individual：最优个体。

➤ Distance：种群个体间距离。

➤ Expectation：个体进化比率。

➤ Genealogy：个体宗系图。

➤ Range：适应函数值。

➤ Score diversity：种群得分柱状图。

➤ Scores：每代种群适应性得分。

➤ Selection：显示哪些个体被选择。

➤ Stopping：停止条件准则等级。

➤ Max constraint：显示符合约束的程度。

➤ Custom function：自定义图像。

具体可以参考 Genetic Algorithm tool Quick reference。

使用遗传算法工具箱可以实时观察算法运行状态,如图 C.5 所示。

⑥ 算法迭代过程控制及计算结果（如图 C.6 所示）。

➤ Use random states from previous run：使用先前迭代过程的随机状态。

　　点击 Start 开始计算；点击 Pause 计算暂停,Pause 变成 Resume,点击 Resume 计算继续。

➤ Status and results：显示计算状态与计算结果。

　　函数最优值：0.3638

➤ Final point：迭代停止点。

　　最优点：0.99921、0.03153

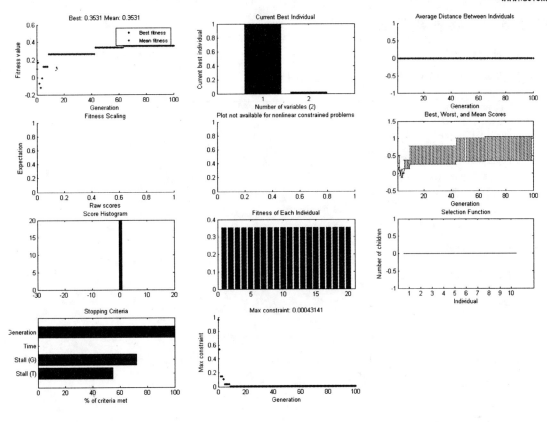

图 C.5　算法运行状态

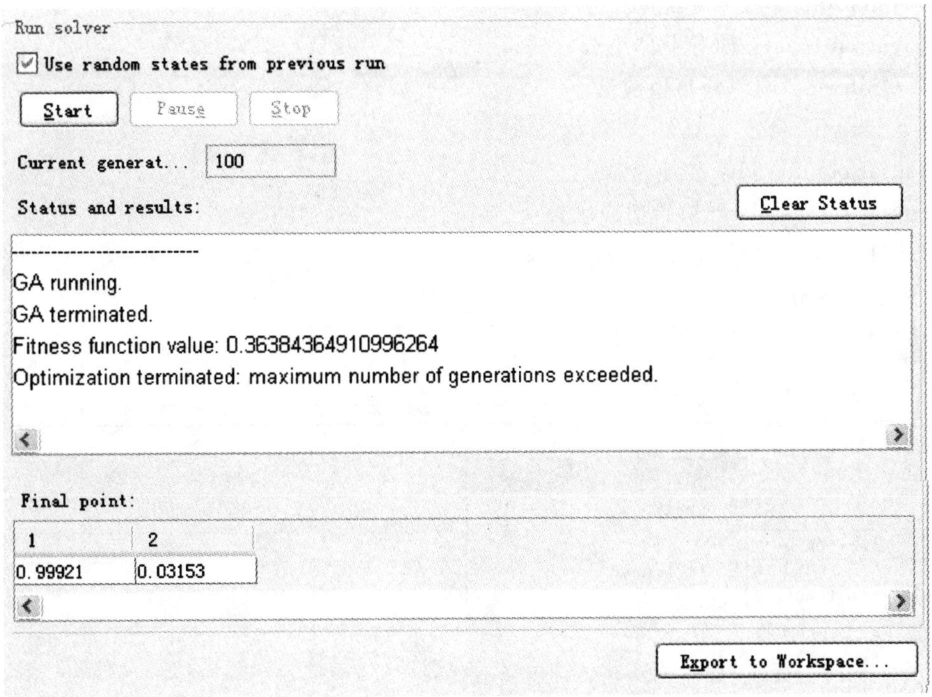

图 C.6　迭代过程控制及计算结果图

C.2.3 函数参数设置

1. 种群设置

遗传算法工具箱 GUI 种群设置界面如图 C.7 所示。

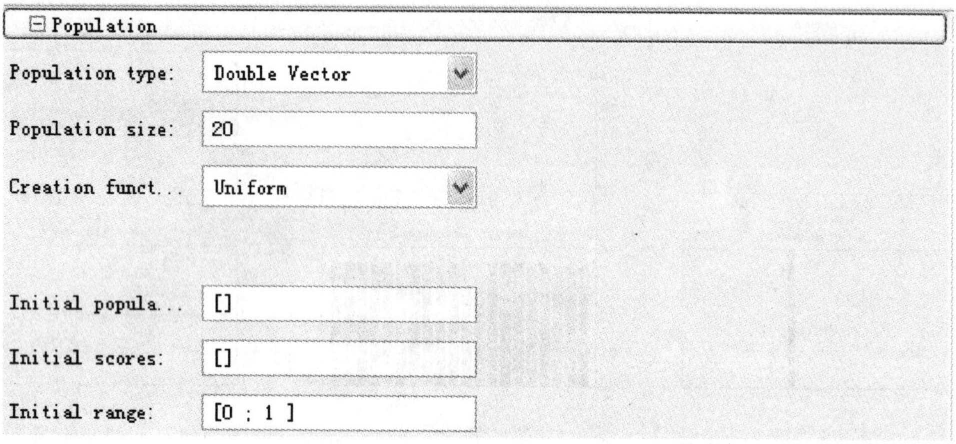

```
□ Population
Population type:      Double Vector      ∨
Population size:      20
Creation funct...     Uniform            ∨


Initial popula...     []
Initial scores:       []
Initial range:        [0 ; 1 ]
```

图 C.7　种群设置对话框

➤ Population type：种群类型。
　　Double Vector：实数向量型。
　　Bit String：0 – 1 串型。
　　Custom：自定义型。
➤ Population size：种群规模。
➤ Creation funct：种群个体生成方法。
　　Uniform：均匀分布生成法。
　　Custom：自定义型。
➤ Initial population：初始种群。
➤ Initial scores：种群初始适应度评分。
➤ Initial range：初始适应函数值。

2. 适应度评分方法

适应度评分方法选择如图 C.8 所示。

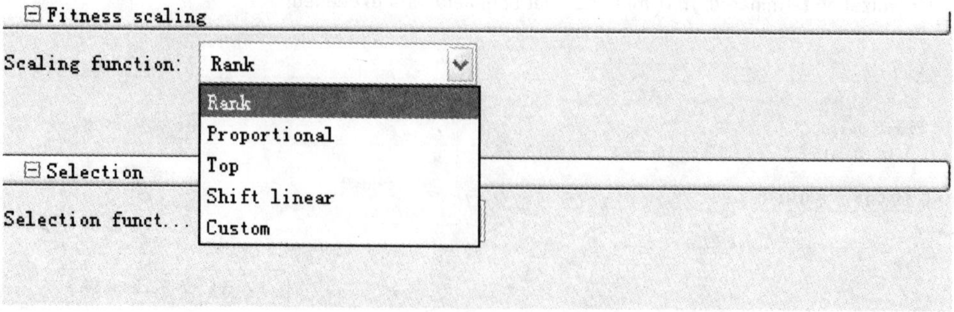

```
□ Fitness scaling
Scaling function:     Rank               ∨
                      Rank
                      Proportional
                      Top
□ Selection           Shift linear
Selection funct...    Custom
```

图 C.8　适应度评分方法选择

➤ Scaling function：评分函数。

　　Rank：排序法评分。

　　Proportional：进化度评分法（子个体比其母个体进化的程度）。

　　……

3. 选择策略

选择策略设置如图 C.9 所示。

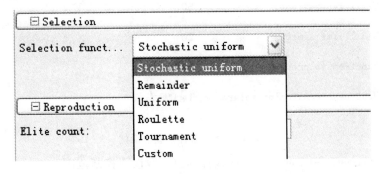

图 C.9　选择策略设置

➤ Stochastic uniform：均匀随机法。

➤ Roulette：轮盘赌法。

➤ Tournament：竞争选择法。

➤ Custom：自定义选择法。

4. 繁殖策略

繁殖策略设置如图 C.10 所示。

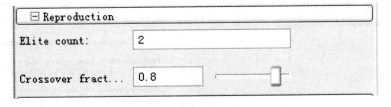

图 C.10　繁殖策略设置对话框

➤ Elite count：产生新个体的母个体数。

➤ Crossover fract：交叉概率。

5. 停止条件

停止条件设置如图 C.11 所示。

➤ Generations：迭代次数。

➤ Time limit：时间限制。

➤ Fitness limit：适应度限制。

➤ Stall generations：最优个体不再进化次数限制（如果在××次迭代中最优个体不再进化则迭代停止）。

➤ Stall time limit：最优个体不再进化时间限制。

➤ Function tolerance：目标函数误差控制范围。

Stopping criteria	
Generations:	100
Time limit:	Inf
Fitness limit:	-Inf
Stall generations:	50
Stall time limit:	20
Function tolerance:	1e-006
Nonlinear constraint tolera...	1e-006

图 C.11　停止条件设置对话框

➤ Nonlinear constraint tolerance：非线性约束函数误差控制范围。

6. 其他参数设置

其他参数设置如图 C.12 所示。

Options:

Population

Population type:	Bit string
Population size:	20
Creation funct...	Uniform
Initial popula...	[]
Initial scores:	[]
Initial range:	[0 ; 1]

Fitness scaling

Scaling function:	Rank

- Selection
- Reproduction
- Mutation
- Crossover
- Migration
- Algorithm settings
- Hybrid function
- Stopping criteria

Quick reference:

performs.

Time limit specifies the maximum time in seconds the genetic algorit before stopping.

Fitness limit - If the best fitness value is less than or equal to the val **Fitness limit**, the algorithm stops.

Stall generations - If the weighted average change in the fitness fun value over Stall Generations is less than Function Tolerance, the algor stops.

Stall time limit - If there is no improvement in the best fitness value interval of time in seconds specified by **Stall time limit**, the algorithm

Function tolerance - If the cumulative change in the fitness function over Stall Generations is less than Function Tolerance, the algorithm s

Nonlinear constraint tolerance specifies the termination tolerance f maximum nonlinear constraint violation.

Output Function Options

History to new window outputs the iterative history of the algorithm separate window.

Interval specifies the number of generations between successive out

Custom enables you to write you own output function.

Display to Command Window Options

Level of display specifies the amount of information displayed in the Command Window when you run the genetic algorithm. You can cho the following options:

- Off - No output is displayed.
- Iterative - Information is displayed at each iteration of the algorithm.
- Diagnose - Information is displayed at each iteration. In addition, the diagnostic lists some problem information and the options that are changed from the defaults.
- Final - The reason for stopping is displayed.

图 C.12　其他参数设置对话框

其他参数设置,如变异策略、算法设置与混合函数设置,具体可以参考 Quick reference。

C.2.4　遗传算法 M 文件自动生成

选择 File→Generate M-file 菜单项,可以生成求解该问题的 M 文件,比如命名为 GA-Demo1.m。将文件存在指定工作目录下,以后可以随时调用。

GADemo1.m 代码如下:

```
function [X,FVAL,REASON,OUTPUT,POPULATION,SCORES] = GADemo1
%%    This is an auto generated M file to do optimization with the Genetic Algorithm and
%     Direct Search Toolbox. Use GAOPTIMSET for default GA options structure.


%% Fitness function
fitnessFunction = @GAobjfun1;
%% Number of Variables
nvars = 2 ;
% Linear inequality constraints
Aineq = [];
Bineq = [];
```

参考文献

[1] 解可新,韩立形,林友联. 最优化方法. 天津:天津大学出版社,1999.

[2] 袁亚湘,孙文瑜. 最优化理论与方法. 北京:科学出版社,2003.

[3] 徐成贤,陈志平,李乃成. 近代优化方法. 北京:科学出版社,2002.

[4] 玄光男,程润伟. 遗传算法与工程优化. 北京:清华大学出版社,2003.

[5] Ortega J M. Iterative solution of nonlinear equations in several variables. USA,ACADEMIC PRESS:1970.

[6] 徐世良. 计算机常用算法. 北京:清华大学出版社,1995.

[7] 顾小丰,孙世新,卢光辉. 计算复杂性. 北京:机械工业出版社,2004.

[8] 吴祈宗. 运筹学与最优化算法. 北京:机械工业出版社,2005.

[9] 黄文奇,许如初. 近世计算理论引导——NP 难度问题的背景、前景及其求解算法研究. 北京:科学出版社,2003.

[10] Horst P M, Pardalos N V, Thoai. 全局优化引论. 北京:清华大学出版社,2003.

[11] 耿志民. 中国机构投资者研究. 北京:中国人民大学出版社,2002.

[12] 陈春锋,陈伟忠. 积极指数化:一种全新的投资模式. 深圳:深圳证券交易所,2003.

[13] 曹传琪. 指数组合管理系统的设计. 深圳:联合证券研究所,2009.

[14] 蔡向辉. 股票挂钩产品的设计、定价和避险原理. 上海:申银万国证券,2003.

[15] Smithson Charls W. Managing Financial Risk. 北京:中国人民大学出版社,2000.

[16] CFA institute. CFA Program curriculum. Custom publishing,2008.

[17] 吴祈宗,郑志勇,等. 运筹学与最优化 MATLAB 编程. 北京:机械工业出版社,2009.